MON CAHIER OBJECTIF BODY CHALLENGE EN 12 SEMAINES

FLORIANE LIMONNIER

ILLUSTRATION DE COUVERTURE
ISABELLE MAROGER

SOLAR
EDITIONS

Ce journal APPARTIENT à ....

Index

Introduction

Envie d'un avant-après spectaculaire? Oui, les résultats des body challenges font envie… Vous voulez être l'une de ces filles dont on voit le corps totalement transformé en quelques mois? C'est possible!

Sur Internet pullulent les crunch challenges, les squat challenges… Comment y résister? Faire des squats tous les jours, c'est simple et ça forge un fessier de bombe, non? Piège! Ces challenges ne travaillent qu'un seul groupe musculaire, ce qui ne permet ni de mincir ni de sculpter la zone visée! Comment conserver le côté motivant et easy des challenges tout en les rendant efficaces? Avec ce programme!

Le principe : des activités variées et complémentaires, sous forme de challenges courts, intenses, ciblant le corps zone par zone. Bref, un vrai programme sportif complet, efficace mais abordable. Il suffit de serrer les dents pendant un petit quart d'heure chaque jour, et le tour est joué. Carrément faisable! Lundi, challenge corde à sauter, mardi, challenge gainage… Alors, cap?

Si vous êtes une training addict, ce programme body challenge va aussi vous booster. Vos bras et votre dos ne sont pas assez toniques à votre goût? Vos cuisses et vos fessiers ne sont pas galbés comme ceux de J.LO et votre ventre pourrait être bien plus plat? Vous tombez dans une routine et vous stagnez, vous n'avez pas encore atteint la shape dont vous rêvez? Pour y arriver, challengez-vous aussi! En deux mots, sortez de votre zone de confort : l'intensité est maximale, et elle grimpe un peu plus chaque semaine! On ne vous cache pas qu'il faudra y laisser quelques gouttes de sueur, endurer des petites courbatures post-training et faire le tri dans vos habitudes alimentaires, mais vous le savez déjà… ça en vaut la peine!

Alors, prête à relever le défi? 1, 2, 3… *let's go*!

Test : quelle challengeuse êtes-vous ?

Il y a celles qui ne se bougent pas… et désormais, il y aura VOUS ! Si vous êtes en train de lire cette page, c'est que vous avez l'âme d'une guerrière et que vous avez envie d'exploser vos limites afin d'atteindre vos objectifs : un corps de bombe, drivé par un mental d'acier ! Vous le soupçonnez peut-être tout juste, mais il y a quelque part en vous une âme de challengeuse, toujours prête à aller plus loin pour évoluer. Alors, en êtes-vous au début de votre quête ou le challenge fait-il déjà partie de votre quotidien ? Faites le test pour savoir où vous vous situez !

Pour vous, le mot routine est synonyme de…

- ▲ bonheur !
- ● fantasme : avec la vie que vous menez, pas le temps d'avoir une routine !
- ◆ horreur !

Niveau confiance en vous, comment vous noteriez-vous sur une échelle de 1 à 10 ?

- ▲ 2/10
- ● 5/10
- ◆ 9/10

Vous dépenser physiquement pour vous, c'est…

- ▲ 20 min de vélo d'appartement devant une série le dimanche.
- ● 3 séances de sport par semaine, mais certaines peuvent sauter, c'est selon votre planning !
- ◆ toujours aller plus loin, dépasser vos limites !

Lorsque vous n'êtes pas dans votre zone de confort, vous…

- ▲ êtes morte de peur et cherchez à regagner vos habitudes le plus vite possible !
- ● êtes mal à l'aise, vous avez un peu peur, mais vous essayez de vous dépasser.
- ◆ adorez ! Cela vous sort de vos habitudes !

Vous êtes du genre…

- ▲ à écouter l'opinion des autres, cela influe sur vos choix.
- ● à vous torturer l'esprit : j'y vais… j'y vais pas…
- ◆ à foncer ! Vous suivez votre instinct, peu importe ce que disent les gens !

Quel rapport entretenez-vous avec votre corps ?

- ▲ Vous n'êtes pas à l'aise avec l'image que vous renvoyez.
- ● Il y a des jours avec et des jours sans !
- ◆ Vous êtes bien dans votre body, mais vous êtes sans cesse à la recherche d'une meilleure version de vous-même.

Et niveau alimentation ?

- ▲ C'est la débandade !
- ● Entre healthy food et cheat meal, mon cœur balance !
- ◆ #Healthylife forever !

Et si on parlait d'objectifs ?

- ▲ Je rêverais d'en avoir !
- ● Ma liste est prête, mais je n'ai pas encore démarré.
- ◆ J'en ai déjà barré plein sur ma liste ! #next

Vous avez choisi ce cahier objectif body challenge…

▲ afin de sauter enfin le pas et de vous dépasser !

● afin d'aller au bout de vos objectifs !

◆ pour vous lancer de nouveaux défis.

Faites les comptes !

▲	●	◆

Vous avez une majorité de ▲ : *vous êtes une challengeuse en devenir !*

Vous n'avez jamais vraiment osé vous lancer de défi par peur d'affronter l'inconnu. Du coup, vous restez dans le confort de vos habitudes. Mais vos habitudes sont-elles les bonnes ? Vous n'êtes pas forcément à l'aise avec votre corps, et pourtant vous ne faites rien pour changer les choses : meilleures habitudes alimentaires, pratique sportive plus régulière… Hey, c'est maintenant ou jamais ! Tout est possible, il suffit de le vouloir ! Ce cahier vous aidera à affronter et à réussir vos premiers challenges ! Le must : ces challenges sont progressifs, faciles d'accès, spécifiquement conçus pour vous permettre de réussir, vous mettant ainsi dans une dynamique de winneuse et vous motivant toujours plus. Ils vous redonneront confiance en vous et, en prime, vous allez vous dessiner un corps de bomba ! Vous vous direz même : « Mais pourquoi ne l'ai-je pas fait plus tôt ? » On commence quand ?

Vous avez une majorité de ● : *vous êtes une challengeuse à confirmer !*

Vous êtes pleine d'envies, mais avec un mental en dents de scie ! Du coup, vous pouvez passer d'un mood de warrior à un bad mood en quelques instants si vous vous sentez débordée. L'organisation n'est pas toujours votre fort, avouez-le ! Vous avez les bases d'une vie équilibrée sur tous les plans, mais vous craquez facilement : vous pouvez passer d'une semaine #Healthyfood à une semaine full junk food par manque de temps, et vous pouvez facilement sauter un training plutôt que de réduire sa durée ou de le reporter. Certaines semaines, vous obtenez de super résultats, et d'autres, vous en perdez les bénéfices en un claquement de doigts ! Compliqué d'avancer ! Ce cahier vous aidera à renforcer votre mental afin de relever encore plus de challenges, d'aller plus loin dans vos objectifs et vos résultats ! En effet, ces challenges sont spécifiquement conçus pour conserver une motivation maximale et, grâce à leur format court, ils s'intégreront dans votre emploi du temps sans souci. #WarriorMood activé !

Vous avez une majorité de ◆ : *vous êtes une challenge addict !*

Vous détestez la routine ! Le simple fait d'être limitée vous ennuie, quel que soit le domaine de votre vie. Vous êtes sans cesse à la recherche de nouveaux défis ! Bien dans votre tête et dans votre corps, vous avez confiance en vous et n'êtes en aucun cas influençable sur quoi que ce soit ! En mode #Healthygirl, vous soignez votre alimentation, ne zappez pas un training et prenez soin de votre body ! Ce cahier vous permettra d'aller encore plus loin et d'ajouter de nouveaux défis à relever à votre liste. Vous découvrirez une tout autre manière de vous entraîner en mêlant plein de pratiques complémentaires ! Pas d'ennuis à l'horizon, c'est promis ! 1, 2, 3, go !

Mon bilan de départ

Vous souhaitez des résultats? Vous les aurez, si et seulement si vous bougez votre booty! #NopainNogain! Première étape avant de commencer votre programme évolutif de 12 semaines : déterminer votre niveau. Si vous vous sous-estimez, les entraînements seront trop faciles; certes, vous tiendrez tout le long du programme sans problème, mais vous ne verrez que très peu de résultats à la fin! Si, au contraire, vous vous surestimez, le niveau sera trop élevé et vous vous retrouverez en situation d'échec à chaque training. Résultat, vous abandonnerez! L'objectif de ce livre, c'est tout le contraire : vous faire progresser et vous offrir des résultats. On vous guide pour comprendre où vous en êtes. Alors, ready? On démarre en testant votre niveau!

Mon test

Pour ce test, mettez-vous tout de suite dans un #WarriorMood et soyez précise sur l'exécution de chaque posture. L'objectif : tenir le plus longtemps possible. Prenez 1 min de récupération après chaque exercice pour bien vous remettre avant d'attaquer le suivant. Surtout, donnez le meilleur de vous-même afin de finir dans votre zone rouge. Comment la reconnaître? Vous devez être essoufflée et votre fréquence cardiaque doit être au max. Ne trichez pas!

EXERCICES	Mon score (NOMBRE DE RÉPÉTITIONS)	Niveau débutant (NOMBRE DE RÉPÉTITIONS)	Niveau intermédiaire (NOMBRE DE RÉPÉTITIONS)	Niveau confirmé (NOMBRE DE RÉPÉTITIONS)
Burpees sur 30 s 	....	☐ moins de 5	☐ plus de 5	☐ plus de 10
Chaise Temps max 	....	☐ moins de 15 s	☐ plus de 15 s	☐ plus de 40 s

EXERCICES	Mon score (NOMBRE DE RÉPÉTITIONS)	Niveau débutant (NOMBRE DE RÉPÉTITIONS)	Niveau intermédiaire (NOMBRE DE RÉPÉTITIONS)	Niveau confirmé (NOMBRE DE RÉPÉTITIONS)
Planche Temps max 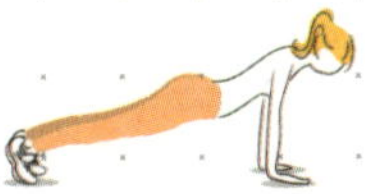	....	☐ moins de 15 s	☐ plus de 15 s	☐ plus de 40 s
Montées de genou Temps max 	....	☐ moins de 15 s	☐ plus de 15 s	☐ plus de 40 s
Pompes larges sur 30 s 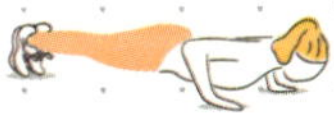	....	☐ moins de 5	☐ plus de 5	☐ plus de 10

→ Vous avez coché 3 cases ou plus dans la même colonne ? Vous connaissez votre niveau !

→ Vous avez coché seulement 2 cases dans la même colonne ? Ce n'est pas révélateur. *Start again* !

Mon bilan nutrition

Vous ne le savez peut-être pas encore mais l'alimentation joue un rôle majeur dans votre body challenge ! Pour avoir des résultats visibles tant au niveau shape que performances, c'est 70 % dans l'assiette et 30 % dans le training ! Mais savez-vous si vous mangez équilibré ? Trop ou pas assez ? Faites le point avec ce test.

Test : quelle mangeuse êtes-vous ?

Question 1 : quelle est la première chose que vous faites le matin ?

▲ Vous avalez un café et un biscuit (ou rien) et go boulot !
● Vous vous pesez !
◆ Vous vous levez 1 h plus tôt pour prendre un petit déj complet qui vous tiendra toute la matinée !

Question 2 : dans la rue, vous êtes plutôt du genre à…

▲ vous ruer sur le vendeur de gaufres qui vient de s'installer.
● regarder votre silhouette dans toutes les vitrines qui voudront bien la refléter.
◆ repérer un petit commerçant et aller dénicher un produit du terroir.

Question 3 : lors d'un repas, vous êtes du genre…

▲ à mélanger tout et n'importe quoi ; vous ne faites pas attention aux calories !
● à faire attention à tout ce que vous mangez ; vous traquez la moindre calorie !
◆ à manger de tout à votre faim, ni plus ni moins !

Question 4 : lorsque vous faites vos courses, vous avez tendance à…

▲ craquer pour les sucreries vendues au niveau des caisses.
● vous diriger vers les produits allégés.
◆ aller vers les produits frais.

Question 5 : au boulot, pas de cantine ! Vous optez pour…

▲ un sandwich ou une part de quiche à la boulangerie.
● une salade légère, même si vous savez que vous aurez faim à 16 h…
◆ un lunchbox homemade et healthy !

Question 6 : et si on vous dit régime ?

▲ Impossible ! Vous ne pouvez pas vivre sans gâteaux, pizzas et autres petits plaisirs caloriques !
● Vous êtes fan, vous les testez tous !
◆ Pas besoin ! Vous aimez la « bonne bouffe », mais vous savez vous arrêter.

Faites les comptes !

▲	●	◆

Vous avez une majorité de ▲ : *vous êtes une grande gourmande !*

Vous adorez manger et êtes aussi gourmande que gourmet ! Le problème : les quantités ! Il arrive aussi que la qualité nutritionnelle de l'assiette laisse à désirer : plats préparés industriels, aliments ultratransformés… Parfois, quand vous n'avez pas le temps, cela vous arrive de manger sur le pouce, mais vous grignotez 2 h plus tard, et là c'est le drame… Bref, impossible d'atteindre vos objectifs comme ça. Ce petit guide vous apportera les bonnes bases et plein d'idées pour continuer à vous faire plaisir tout en mangeant healthy. À vous le joli body !

Vous avez une majorité de ● : *vous êtes une régime addict !*

On vous a démasquée ! Vous êtes une trendy régimeuse, toujours à l'affût du dernier régime à la mode pour le tester. Le problème, c'est que vous avez tellement mis votre corps en mode survie que la moindre calorie de trop vous fait grossir… Du coup, c'est l'effet yoyo ! À trop vous restreindre, vous vous retrouvez un peu coincée et frustrée : vous aimeriez bien retrouver un métabolisme qui vous permette de manger normalement, mais le moindre écart vous fait grossir. Ce cahier est là pour vous aider à retrouver un métabolisme de base normal avec une alimentation équilibrée, dans laquelle vous pourrez manger de tout sans prendre un gramme !

Vous avez une majorité de ◆ : *vous êtes une healthy girl !*

Vous avez déjà adopté une healthy life : vous aimez vous cuisiner des plats maison, car il est important pour vous de savoir ce qu'il y a dans votre assiette. Vous avez les bases d'une alimentation équilibrée, mais il vous arrive parfois de tourner en rond et d'utiliser toujours les mêmes recettes. Vous stagnez aussi niveau shape, et un petit coup de boost ne serait pas de refus ! Ce livre vous apportera plein de nouvelles idées de recettes à tester et affinera encore vos connaissances en matière de healthy food pour un body encore plus fit ! Vamos !

Notez tout ce que vous mangez à chaque repas (petit déjeuner, déjeuner, collation(s), dîner) sur 1 semaine. Vous pourrez ensuite comparer grâce aux conseils nutrition de ce livre (p. 26) et vous rendre compte de certaines petites erreurs, que vous ne ferez plus à l'avenir.

Mon suivi silhouette

Avant de commencer, voici une étape importante à ne pas zapper : les mensurations ! Grâce à ce suivi silhouette, vous pourrez observer votre évolution et, mieux qu'avec la balance, voir si vous avez perdu en graisse ! Prenez vos mensurations au départ, puis toutes les 2 semaines. Cela vous permettra de voir votre évolution et de mesurer votre avancée par rapport aux objectifs que vous vous êtes fixés.

N'oubliez pas les photos !
Avant de commencer, prenez-vous en photo en sous-vêtements de face, de profil et de dos. Avec les mêmes sous-vêtements, reprenez de nouvelles photos au début du 2e mois, puis du 3e, et comparez. Vous verrez, vous serez agréablement surprise par le résultat !

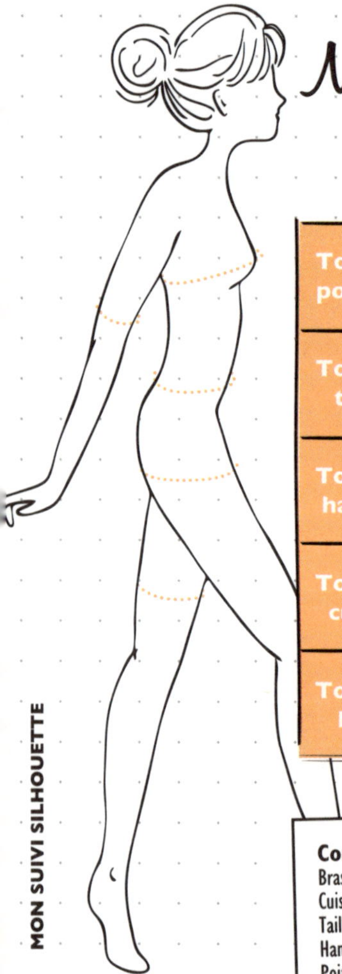

Mon suivi de mensurations

		MOIS 1		MOIS 2		MOIS 3	
	SEMAINE 0	SEMAINE 2	SEMAINE 4	SEMAINE 6	SEMAINE 8	SEMAINE 10	SEMAINE 12
Tour de poitrine							
Tour de taille							
Tour de hanche							
Tour de cuisse							
Tour de bras							

Comment prendre mes mensurations ?
Bras : enroulez le mètre autour de la partie la plus épaisse du biceps.
Cuisse : enroulez le mètre autour de la partie la plus épaisse de la cuisse.
Taille : enroulez le mètre autour de la partie la plus étroite de votre taille.
Hanches : placez le mètre sur la ligne médiane de votre fessier et entourez vos hanches à partir de cette ligne.
Poitrine : placez le mètre sur la partie médiane de votre poitrine (là où se situent les tétons) et entourez votre dos en suivant cette ligne.

Mon suivi de poids

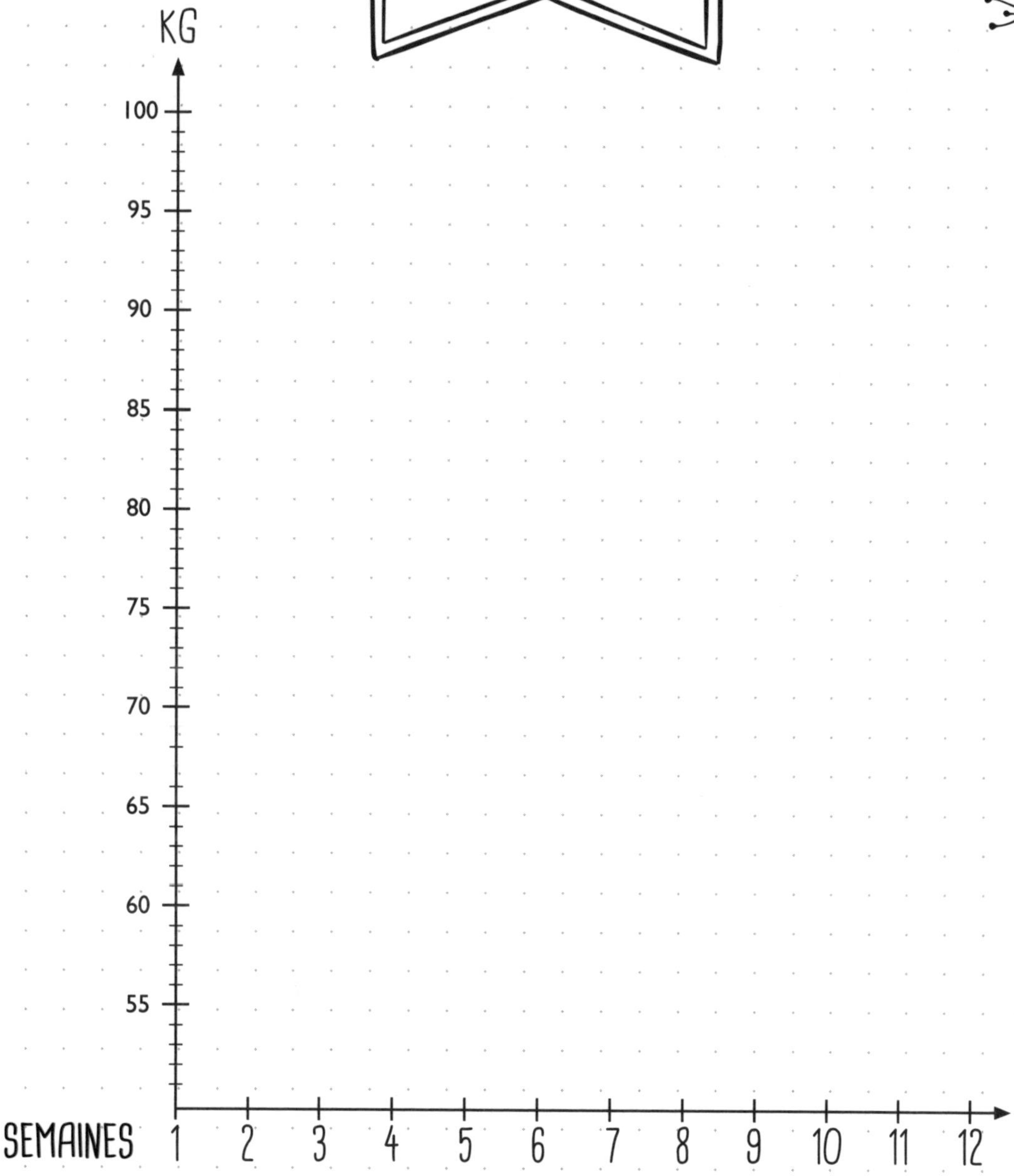

Et la balance, alors?

Pesez-vous toutes les 2 semaines, voire tous les mois. À volume égal, les muscles pèsent plus lourd que la graisse. Donc, à poids égal, une personne musclée sera beaucoup plus mince qu'une personne ayant de la masse grasse.

Mon objectif

Se challenger, c'est d'abord avoir envie d'atteindre de nouveaux objectifs, ce qui est déjà très positif et motivant… encore faut-il tenir jusqu'au bout ! Il arrive d'avoir une baisse de motivation, ce qui peut ralentir votre belle lancée. Complétez le schéma ci-dessous et, lorsque vous aurez un petit coup de mou, revenez faire un tour sur cette page en guise de piqûre de rappel. Vous y trouverez vos motivations, vos atouts et vos jokers. Aucun doute, cela vous redonnera de bonnes vibes et de l'énergie ! #NeverGiveUp !

MON PLAN

- 3 séances de training par semaine
- Des challenges à relever tous les jours
- Une alimentation équilibrée au quotidien
- Des conseils wellness pour se chouchouter

MES MOTIVATIONS

- Perdre .... kg et me fiter
- Gagner un mental d'acier
- Dézinguer ma cellulite
- Me dessiner une sexy shape
- ....
....
....

OBJECTIF
body challenge
en 12 SEMAINES

MES ATOUTS

- Ma positive attitude
- Ma persévérance
- ....
....
....
....

MES JOKERS

- Ma fitpartner
- Mes amis qui me soutiennent
- ....
....
....

Mon guide training

Avant de foncer tête baissée vers votre objectif « corps de rêve », il y a quelques détails de base à ne pas squeezer ! Comment bien s'équiper, bien s'échauffer et bien s'étirer pour être au top lors de vos trainings ? Comment calculer vos besoins nutritionnels, adapter vos rations alimentaires et équilibrer vos apports caloriques ? On vous dit tout ci-dessous !

Le programme body challenge, comment ça marche ?

Se challenger, c'est aller au bout de soi et se dépasser. Dans ce livre, vous allez être confrontée à des challenges de deux types. Il y aura des challenges sur un exercice, par exemple un plank challenge, où il s'agira de tenir en planche le plus longtemps possible, ou un jump challenge, où il s'agit de faire le plus de sauts possible… jusqu'à épuisement !
Pour un programme complet, il y aura aussi des challenges d'entraînement : ce sont des entraînements intenses (mais très courts, rassurez-vous), qui vous pousseront dans vos retranchements !

Des challenges qui mixent renfo et cardio pour une silhouette de bombe !

Votre point de repère pour être sûre d'être à la bonne fréquence
Durant les challenges cardio, votre rythme cardiaque doit être en mode accéléré : vous ne devez pas pouvoir chanter ou parler. Dans les séances de running du dimanche, le rythme est modéré, vous devez être capable de parler ou de chanter facilement en étant à peine essoufflée.

Le renfo (renforcement musculaire), c'est le type d'entraînement qui sert à vous tonifier et à vous muscler ! Ce sont les exercices qui renforcent les muscles. Ce sont, par exemple, les pompes, les exercices d'abdos… Pour qu'ils soient efficaces, il s'agit de répéter l'exercice plusieurs fois et sur plusieurs séries. Dans ce livre, toutes les parties du corps seront travaillées pour obtenir une silhouette plus tonique et plus athlétique ! #SexyBody
Le cardio est le type d'entraînement qui vise à augmenter le rythme cardiaque et respiratoire pour vous rendre plus endurante et vous faire tenir plus longtemps l'effort. Le running, le vélo, la natation, la corde à sauter sont des entraînements cardio, par exemple. On reconnaît le cardio à l'essoufflement qu'il provoque.

Au programme…

Les challenges des mois 1 et 2 vont dessiner et galber progressivement tout votre corps, zone par zone (haut et bas du corps, abdos). Le mois 3 sera full body et beaucoup plus cardio ! Ce dernier mois visera à sculpter la silhouette pour finir le travail !

Les 6 raisons de vous challenger avec ce programme !

Vous sculpter un body de bombe !

Grâce au mélange de différentes pratiques sportives (yoga, pilates) et des méthodes d'entraînement telles que le renforcement musculaire, le HIIT training (entraînement à haute intensité qui alterne courtes périodes d'exercices et de récupération), le running, vous allez faire travailler TOUS vos muscles (et même le cœur) ! En superficie, en profondeur… Toutes ces techniques vous permettront de brûler un max de calories tout en affinant de manière harmonieuse votre silhouette grâce à leur complémentarité. Le cardio et le renfo vous permettront de vous sculpter un body en brûlant un max de graisses. Le pilates et le yoga permettront un travail en profondeur tout en étirements, qui vous permettront d'allonger vos muscles et de travailler votre posture afin d'avoir une silhouette beaucoup plus harmonieuse ! À vous les fesses et les cuisses galbées et affinées, le ventre plat et ferme, les bras toniques et le dos dessiné !

Perdre du gras !

Le programme qui vous attend a été pensé de façon progressive : le mois 1 vise à vous renforcer côté muscles ; vous commencez à perdre des graisses au profit de muscles. Le mois 2 continue d'éliminer ces graisses à travers un travail plus soutenu et l'ajout de matériel pour donner plus d'intensité aux exercices. Le mois 3, les dernières graisses en trop vont s'évaporer grâce au travail soutenu dans votre zone rouge ; vous affinez et sculptez ainsi votre silhouette !

Gommer la cellulite !

Pour agir sur la rétention d'eau responsable de cet aspect peau d'orange, il faut drainer les tissus. En fitness, tous les mouvements qui mobilisent les jambes vont avoir un impact sur votre circulation sanguine et lymphatique, pour drainer et éviter un nouveau stockage des graisses sous la peau. La respiration profonde et les exercices de yoga et de pilates optimisent l'oxygénation des cellules, ce qui améliorera également votre circulation sanguine et jouera un rôle de détox pour l'organisme ! Si vous les pratiquez régulièrement en plus du renfo et du cardio, en développant vos muscles, vous allez aussi augmenter le nombre de vaisseaux sanguins, ce qui améliorera votre circulation sanguine à terme. Alors, prête à dégommer vos capitons ?

Stimuler votre cerveau !

Bonne nouvelle : s'entraîner régulièrement oxygène non seulement vos tissus, mais aussi vos organes (cerveau compris), et cela contribue à améliorer vos performances intellectuelles ! Résultat : vous aurez un meilleur équilibre nerveux et vous boosterez votre production de neurones ! Sur le long terme, vous verrez également votre concentration et votre mémoire s'améliorer. Vous n'allez donc pas uniquement vous challenger lors de vos trainings ; vous allez pouvoir vous challenger au travail et dans tous les autres domaines de votre vie ! #MoreSuccessful

Réduire le stress et la fatigue !

S'entraîner régulièrement procure une sensation de bien-être général dans votre organisme. Au bout de 15 à 30 min d'effort, ce dernier libère en effet des endorphines et de la dopamine, les hormones du bien-être. Elles ont un effet positif sur le cerveau, agissent directement sur l'humeur et facilitent l'évacuation du stress. De plus, la fatigue post-training facilite l'endormissement et optimise le sommeil, qui sera profond et réparateur. On le sait, le stress est souvent lié au manque de sommeil ; avec le sport, ce problème est réglé ! Bouger est l'une des meilleures thérapies qui existent ! #MoveYourBody

Booster votre confiance en vous et votre bien-être !

Le challenge est un véritable antidote contre la dépréciation de soi ! Ce guide est fait pour vous aider à vous dépasser chaque jour un peu plus et à aller au-delà de vos limites. Semaine après semaine, vous vous rapprocherez de vos objectifs : vous serez fière d'observer votre corps se dessiner au fur et à mesure des entraînements et de voir vos performances sportives augmenter ! Les bienfaits seront tant physiques que psychiques, et votre confiance en vous sera boostée ! Bien dans sa tête, bien dans ses baskets !

Je me prépare pour le training

Avoir envie de tenir tout un programme, c'est facile, s'y tenir l'est un peu moins ! C'est la raison pour laquelle vous devez vous préparer mentalement et physiquement ! Avant de démarrer, mettez quelques stratégies en place afin de garder une motivation constante : équipez-vous au mieux et apprenez à bien vous échauffer et vous étirer afin d'être dans les meilleures conditions sur chacune de vos séances ! *Let's go* !

Les 3 tips pour atteindre ses objectifs !

Je dégage du temps et je m'y tiens !

Si vous avez un emploi du temps fixe, il sera facile pour vous de caler les séances ou les challenges du programme de la semaine. Il vous suffira de choisir un moment dédié chaque jour à vos trainings (matin, midi ou soir), et de vous y tenir ! Cela devra faire partie de vos habitudes.

Si votre emploi du temps n'est pas fixe, organisez-vous pour vous dégager du temps chaque jour de la semaine, même si ce n'est pas à horaire fixe. L'essentiel, c'est de vous assurer que ce créneau soit safe afin de pouvoir faire votre séance. La clé du succès, c'est la ré-gu-la-ri-té ! Si vous faites sauter vos séances en vous disant que vous les rattraperez peut-être un autre jour, cela ne fonctionnera pas ! #NoPainNoGain

Je tiens un carnet d'entraînement

Tenez un carnet d'entraînement dans ce livre (espaces de bas de page). Il vous permettra de noter votre progression et vos ressentis : par exemple, si vous avez eu du mal durant la séance mais que vous avez malgré tout tenu jusqu'à la fin, ou si, au contraire, vous vous sentiez mieux physiquement bien que la séance du jour ait été plus dure. Vous pourrez également noter vos performances : si vous avez tenu 15 s de plus sur un gainage ou si vous avez fait 10 répétitions de plus en squat… Vous verrez, ce petit carnet sera une vraie source de motivation pour vous donner la force de vous dépasser chaque jour et de ne rien lâcher !

J'accorde de l'importance à la récupération !

Si vous faites travailler votre corps tous les jours de la même manière et à la même intensité, votre organisme va accumuler de la fatigue et finira par être épuisé. Non seulement vous n'obtiendrez plus de résultats, mais vous risquez également de vous blesser ! La récupération est une des clés de votre réussite. Dans ce programme, vous alternerez chaque jour un challenge intense avec un training plus doux (pilates ou yoga), ainsi que des challenges composés d'un seul exercice. Tout est étudié pour que votre corps puisse récupérer physiquement malgré une activité quotidienne !

2 tips pour se motiver !

Prévoyez une playlist motivante !

La musique donne du rythme, met de la bonne humeur et procure de l'énergie ! Pour vous motiver, préparez-vous des playlists à thème : house/afro pour le renfo, lounge pour le yoga, dance pour le cardio ou latino pour le pilates !

Entraînez-vous avec une partner in crime !

Si vous sentez que vous risquez de flancher, voyez dans votre entourage si une bonne copine, une sœur ou une collègue serait partante pour vous accompagner et suivre quelques trainings de temps en temps, voire tout le programme avec vous ! À deux, on est plus fortes ! Le jour où votre motiv' n'est pas au beau fixe, votre partner in crime sera là pour vous booster !

Comment bien s'équiper ?

Ma tenue adéquate

La bonne brassière

Un équipement indispensable pour toute challengeuse ! Elle doit réduire le plus possible les mouvements de la poitrine durant votre pratique, et surtout amortir les impacts (course, sauts). Si votre poitrine va jusqu'au bonnet C, vous avez le choix entre plusieurs modèles : dos nageur, dos croisé ou brassière à la forme de soutien-gorge (mais avec une bande plus confort pour remplacer l'armature rigide). Bref, l'essentiel est de s'y sentir à l'aise et d'être libre dans vos mouvements. Si votre poitrine est généreuse, vous aurez du choix du côté des soutiens-gorge de sport. Ils soutiennent chaque sein grâce à des bonnets préformés et offrent une plus grande profondeur. Niveau taille, vous ne serez pas limitée : ils vont au-delà du bonnet C ! Avant d'acheter, n'oubliez pas d'essayer !

Le bon legging

Votre seconde peau ! Choisissez-le assez respirant, mais pas trop serré, ni transparent ! Le bon legging est un mix entre confort et compression : confort pour être à l'aise dans vos mouvements sans que votre legging ne tombe à chaque fois que vous sautez ; compression pour des jambes sexy et galbées sans gêne côté circulation sanguine ! Oubliez les fibres naturelles, comme le coton, qui retient la sueur. Optez plutôt pour des fibres synthétiques, comme le nylon ou le spandex, qui conservent leur forme, sèchent rapidement et permettent l'évacuation de la sueur pour une meilleure respiration de la peau.

Le bon tee-shirt

C'est celui qui vous évitera d'être complètement en sueur ! Optez pour le DryCell, qui permet une évacuation rapide de l'humidité de la peau vers l'extérieur du tissu, ou pour le supplex, un mélange d'élasthanne et de polyamide qui permet au tissu d'être très respirant. Si, en plus, vous courez à l'extérieur, il apporte un confort thermique grâce à l'évacuation de la chaleur et de l'humidité que vous dégagerez durant l'effort, ce qui permettra de régulariser votre température corporelle. N'hésitez pas à prévoir deux ou trois couches selon le temps et la température, quitte à les enlever une par une par la suite, et terminez par un coupe-vent. Choisissez-les ni trop amples ni trop serrées pour ne pas être limitée dans l'amplitude de vos mouvements.

La bonne paire de baskets

Elle répondra à trois critères importants : la souplesse, pour être libre dans vos mouvements, la stabilité du pied et de la cheville, pour tous les mouvements de renforcement musculaire, et l'amorti pour les sauts en training HIIT, afin de protéger votre colonne et vos articulations. Si vous souhaitez investir dans une bonne paire de chaussures de course

Et pour le yoga et le pilates ?
Pour le haut, prévoyez une brassière et un tee-shirt ; pour le bas, privilégiez les matières respirantes (voir ci-dessus). Étant donné que vous ferez vos trainings de yoga et de pilates indoor, préférez un débardeur et un short (ou un legging si vous n'aimez pas porter de short). Confortables et pratiques, ils vous permettent une grande liberté de mouvement. Le yoga et le pilates se pratiquent pieds nus ou avec des chaussettes antidérapantes : elles offrent une bonne adhérence, qui vous permettra de mieux tenir les postures et de ne pas glisser si vous transpirez un peu.

(différentes de celles pour le renforcement musculaire), dirigez-vous vers un magasin ou un rayon spécialisé running. Dès l'essayage, vous devez vous sentir à l'aise. Si nécessaire, portez-les 10 min et faites des petits allers-retours afin de voir si vos pieds s'adaptent bien aux chaussures. Si vous ne souhaitez investir que dans une seule paire de baskets quel que soit l'exercice (sachant que vous n'allez courir qu'une fois par semaine), choisissez un modèle qui fait à la fois fitness et running.

Avec quel matériel ?

Une paire d'haltères

Elles se déclinent en plusieurs poids (de 500 g à 3 kg, parfois plus) et permettent d'évoluer au cours d'un programme d'entraînement quand vos résultats stagnent à poids de corps. Elles vous apporteront plus de galbe et de tonicité, car, rendant l'entraînement plus dur, elles vous font fabriquer plus de muscle. Vous pouvez choisir de travailler avec un ou deux haltères, et ce sur un ou plusieurs exercices, selon la charge et ce que vous souhaitez adapter. Il est évident que le bas du corps porte plus lourd que le haut du corps. Les haltères offrent un choix varié d'exercices pour ne jamais vous ennuyer ! Si vous n'avez pas d'haltères, vous pouvez les remplacer par des bouteilles d'eau allant de 0,5 à 2 l !

Des bandes élastiques fitness en latex

Elles apportent de la résistance en plus dans les mouvements, ce qui renforce et tonifie davantage au niveau musculaire. Souvent vendues avec plusieurs niveaux de résistance, elles peuvent être utilisées autant pour le haut que pour le bas du corps afin de varier vos entraînements pour booster votre galbe musculaire ! Celles qui sont allergiques au latex se tourneront vers une bande en latex recouverte de tissu élastique en polyester de la gamme Campteck® ou encore Blackrool® ! Plus d'excuses : vous allez transpirer encore plus !

Le bon tapis

Pour vous éviter d'acheter plusieurs tapis, privilégiez-en un qui englobe la majorité des pratiques du programme (renforcement musculaire et pilates). Choisissez-le épais et confortable. Pas besoin de mettre une fortune, assurez-vous juste qu'une fois posé au sol il ne glissera pas ! Pour tous les mouvements de fitness et de pilates que vous ferez allongée sur le dos, l'épaisseur du tapis protégera votre colonne vertébrale. Si vous avez envie d'investir dans un tapis de yoga en plus, il devra être antidérapant et fin afin que vous vous sentiez stable et connectée au sol.

Comment bien s'entraîner ?

Afin de bien réussir un training, il faut toujours commencer par un échauffement. Vous devez rester concentrée du début jusqu'à la fin, et ce sur chacun de vos mouvements ! Savoir se placer sur un exercice, respirer au bon moment et travailler avec conscience sont trois choses indissociables pour réussir une séance ! Sans oublier de passer par la case stretch (un indispensable !). Petit tour d'horizon des bonnes pratiques…

Warm up pour commencer !

Pourquoi s'échauffer ?

L'échauffement est une sorte de pré-entraînement qui permet de préparer progressivement le corps à l'effort. En augmentant la température du corps, il augmente également la vitesse des réactions chimiques de ce dernier. Résultat, il optimise la transformation de vos réserves d'énergie (glycogène et graisses). La chaleur générée par le corps durant le warm up permet également une meilleure lubrification des articulations et une meilleure transmission des informations au niveau du système nerveux, ce qui vous rendra plus précise et efficace sur vos mouvements. Il permet aussi la prévention des blessures. Avec la chaleur générée, muscles, tendons et articulations deviennent plus souples, ce qui diminue les risques d'élongation ou de déchirure. Le système nerveux étant plus actif, votre coordination et votre attention seront boostées et minimiseront les chutes ou les faux mouvements. Bref, sur du court terme, s'échauffer vous permet d'être efficace durant toutes vos séances ; sur le long terme, cela vous assure de tenir votre programme en entier sans vous blesser. À vous les résultats !

Qu'est-ce que mon échauffement doit comporter ?

L'échauffement doit vous permettre d'activer tout le corps, même si vous travaillez sur une séance uniquement dédiée au haut du corps ou au bas du corps. Afin de préparer les articulations, d'augmenter l'élasticité des muscles et d'élever la température du corps, le warm up doit comporter :

- des exercices de mobilité articulaire, c'est-à-dire des exercices faisant bouger les articulations, comme l'exercice du chat, qui travaille la mobilité de la colonne vertébrale, ou le chien tête en bas, qui vise à améliorer la mobilité des épaules ;
- des exercices de stretching dynamique, ces exercices qui étirent les tendons pour les rendre plus élastiques, comme le deep squat, qui travaille l'ouverture des hanches, ou le chien tête en bas, qui étire l'arrière des jambes ;
- des exercices de renforcement musculaire basiques pour chauffer les muscles, comme les squats, les pompes ou les fentes.

Mes exercices de warm up

Tous les exercices présentés ici s'enchaînent de manière fluide. Faites deux ou trois tours de ce circuit pour un warm up optimal avant chaque séance.

SQUAT + DEEP SQUAT

Combien ? 10 répétitions
Objectif : augmenter la température du corps et ouvrir les hanches.

PLANCHE + CHIEN TÊTE EN BAS

Combien ? 20 s en planche + 5 respirations en chien tête en bas
Objectif : augmenter la température du corps, ouvrir les épaules et la poitrine, et détendre la colonne, l'arrière des jambes et le bas du dos.

CHAT

Combien ? 3 répétitions
Objectif : faire un travail de mobilité de la colonne vertébrale et engager les abdominaux en profondeur.

GUERRIER 1

Combien ? durant 10 s
Objectifs : étirer les muscles de la poitrine et le psoas (muscle de l'aine, qui relie les cuisses au buste), détendre les muscles des épaules et du cou, ouvrir les hanches et améliorer la souplesse des vertèbres dorsales.

JUMPING JACK

Combien ? 15 répétitions
Objectifs : continuer d'augmenter la température et activer l'ensemble du corps.

Comment bien réussir mes exercices ?

J'apprends à bien me placer !

Pourquoi ? Pour éviter de vous blesser et vous permettre d'être efficace durant l'exécution de votre exercice. Bien vous placer, c'est augmenter votre potentiel de réussite ! Voici les règles à garder en tête pour bien vous placer.

Je stabilise mon bassin et ma colonne en protégeant le bas de mon dos

Engagez systématiquement votre sangle abdominale sur les exercices ! Que ce soit sur le mouvement d'un squat, d'un gainage, d'un rowing, lorsque vous courez ou que vous pratiquez des exercices de pilates ou de yoga, vous devez toujours activer cet effet de gaine autour de la taille. Bref, contractez les abdos en aspirant le nombril. Cela vous permettra de maintenir votre colonne vertébrale en sécurité durant les mouvements. Pour un effet préventif sur la descente d'organes, qui provoque à terme ces fameuses fuites urinaires, engagez votre périnée comme si, en plein exercice, vous deviez vous retenir d'une envie pressante.

Je veille au placement de mes genoux

Sur tous les mouvements avec flexion des genoux, comme le squat, la fente, le hip trust ou le deadlift, il est préférable que les genoux ne dépassent pas la pointe de vos pieds afin de limiter les tensions sur les ligaments.

Je garde mes épaules basses

À partir du moment où les bras sont engagés dans un mouvement, veillez à garder les épaules éloignées de vos oreilles afin d'éviter toute tension dans les trapèzes et la nuque. Gardez vos omoplates rapprochées, et le dos droit.

J'apprends à respirer !

La respiration ne doit pas être négligée. Elle vous donne un maximum d'énergie durant votre effort, car c'est l'oxygène qui permet la transformation des nutriments (sucre, graisse…) en énergie pour bouger vos muscles. En général, vous expirerez à l'effort afin de réoxygéner vos muscles et d'être plus performante lors de l'effort.

Sur les mouvements de renforcement musculaire

L'expiration se fait toujours durant la phase d'effort, et l'inspiration, sur la phase de relâchement des muscles. Par exemple, sur le mouvement des pompes, l'inspiration se fera lors de la flexion des bras, et l'expiration, lorsque vous repoussez le sol en tendant les bras. Sur les mouvements où le corps est sans cesse mobile, comme les jumping jacks, vous êtes libre de respirer naturellement.

La respiration est dite « latérale thoracique », l'objectif étant de maintenir la sangle abdominale engagée.

En pratique : debout, les pieds parallèles et écartés à la largeur du bassin, placez vos mains sur votre ventre au niveau du nombril. Cherchez à aspirer votre nombril et vos mains vers la colonne et observez votre ventre se creuser. Tout en gardant le nombril aspiré, inspirez dans les côtes et le haut de votre dos sans faire bouger votre ventre. À l'expiration, votre objectif est de creuser votre ventre davantage en aspirant votre nombril vers la colonne, et vos mains avec. Répétez cette respiration plusieurs fois et ressentez l'effet corset autour de votre taille s'intensifier. À noter : l'inspiration se fait par le nez, et l'expiration, généralement par la bouche.

Sur les postures de yoga

Contrairement au pilates, la respiration est ventrale. Ici, on parlera de la respiration ujjayi, qui signifie « bruit du souffle » car c'est une respiration audible.
En pratique : inspirez par le nez en laissant le ventre se gonfler et en bloquant légèrement la gorge. Expirez par le nez, toujours en gardant la gorge bloquée, et laissez le ventre se dégonfler. L'objectif : un engagement du centre à chaque expiration.

Je travaille en conscience !

Si vous souhaitez réussir à 100% votre training et être sûre d'avoir travaillé là où il faut, comme il faut, vous devez vous entraîner en ayant une conscience corporelle et musculaire. Prenez par exemple le mouvement du hip trust, où le travail est majoritairement localisé sur les fessiers. Lors de la phase du lever de bassin, concentrez-vous sur la contraction des fessiers en les contractant volontairement et consciencieusement afin d'augmenter l'intensité du travail. N'hésitez pas à ralentir le mouvement si vous ne ressentez pas assez la contraction. En travaillant à un rythme plus lent, vous recruterez plus de fibres musculaires et rendrez votre training encore plus efficace ! Qui dit séances efficaces dit objectifs atteints à la fin du programme !

Je n'oublie jamais le stretching !

Souvent négligé ou complètement zappé en fin de séance, le stretching est pourtant tout aussi important que l'échauffement. Lorsqu'ils sont réalisés post-training, les étirements offrent une meilleure vascularisation des muscles et des tissus, ce qui permet d'optimiser la récupération. Ils redonnent de la souplesse aux muscles, raidis par les contractions à répétition durant le training, ce qui leur permet ensuite de retrouver leur forme initiale. Il est important de travailler votre souplesse régulièrement, soit en instaurant une miniroutine le matin ou le soir (trois ou quatre exercices où vous resterez sur plusieurs respirations afin de bien allonger les fibres), soit en pratiquant des exercices de yoga ou de pilates. Ça tombe bien, c'est au programme ! En plus de gagner en souplesse, vous améliorerez votre posture sur les exercices et augmenterez l'amplitude de vos mouvements. Encore un plus pour vous rapprocher de vos objectifs !

Ma miniroutine de stretch

La routine d'étirement proposée ci-dessous est complète et vous permet d'étirer le corps dans sa globalité. Vous pouvez l'instaurer dans votre emploi du temps les jours de training renfo-cardio, ou de manière quotidienne.

Quand ?

- Le matin au réveil, pour mettre le corps en marche en douceur.
- Juste après le training pour mieux récupérer.
- Le soir, lorsque vous rentrez du travail, afin de vous détendre.
- Avant de vous coucher, pour favoriser l'endormissement.

Let's go !

1. Étirement de la poitrine et du dos : 4 fois
2. Étirement des adducteurs et du dos : 4 fois
3. Étirement des ischio-jambiers (arrière des jambes) : 4 fois
4. Étirement des triceps (arrière des bras) : 2 fois

ÉTIREMENT DE LA POITRINE ET DU DOS

ÉTIREMENT DES ADDUCTEURS ET DU DOS

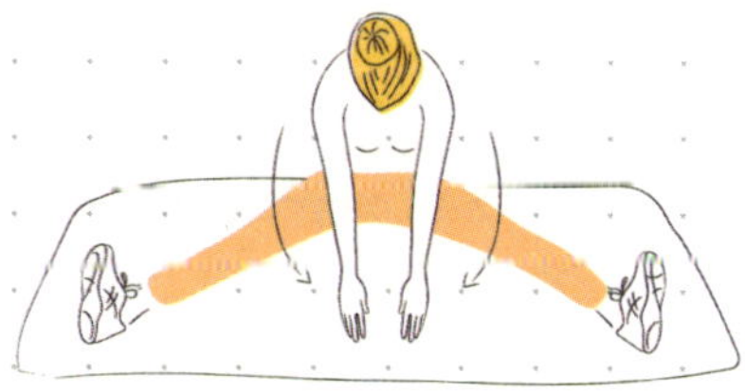

ÉTIREMENT ISCHIO-JAMBIER ET DU DOS

ÉTIREMENT
DES TRICEPS

La nutrition body challenge

Si vous souhaitez des résultats, il n'y a pas que l'entraînement qui compte. L'alimentation pèse majoritairement dans la balance ! Pas de panique, il ne s'agit pas de tout peser au milligramme près, mais plutôt d'adopter une alimentation équilibrée qui couvrira vos besoins nutritionnels tout en vous sculptant un corps de bombe.

Manger, ça sert à quoi ?

Le corps a besoin d'énergie, même au repos. Cette énergie permet à l'organisme d'assurer ses fonctions vitales (permettre au cœur de continuer à battre, assurer la respiration...). Les muscles sont également de gros consommateurs d'énergie, même au repos : plus vous êtes musclée, plus votre corps brûle de calories au repos chaque jour ! C'est ce qu'on appelle le métabolisme de base. Ajoutez à cela l'énergie que vous dépensez lorsque vous travaillez et lorsque vous vous entraînez. Cela fait une sacrée dose de carburant à fournir ! Manger vous permet chaque jour de réapprovisionner votre corps en énergie afin que vous puissiez couvrir tous ces besoins.

Manger, oui, mais quoi ?

Manger, c'est apporter des calories à l'organisme pour le faire fonctionner, mais savez-vous faire la différence entre une calorie pleine et une calorie vide ? Une calorie vide n'est pas une calorie qui ne compte pas, bien au contraire : elle peut apporter beaucoup d'énergie, mais elle n'apporte aucun des nutriments (vitamines et minéraux) nécessaires au bon fonctionnement de l'organisme. C'est celles que vous trouverez dans les pizzas, les frites, les viennoiseries, les gâteaux industriels... Celles qui font exploser le compteur des calories ! Manger équilibré, c'est donc tout simplement manger en quantité raisonnable des aliments variés qui apportent des calories pleines, riches en nutriments.

Les glucides : différencier les bons sucres des mauvais !

Vous qui allez suivre un programme intense en training, sachez que les glucides jouent un rôle essentiel dans la production d'une molécule, l'ATP, qui crée le mouvement des muscles. C'est notre principale source d'énergie, car c'est celle que le corps utilise le plus facilement. Lorsque les glucides sont consommés en quantité suffisante, ils sont stockés dans le foie et les muscles sous forme de glycogène, ce qui permet au corps de les utiliser directement lors d'un effort. En revanche, si votre consommation dépasse vos dépenses énergétiques, alors le sucre est stocké sous forme de graisse un peu partout dans l'organisme, et c'est comme ça que les kilos s'installent ! C'est pour cela qu'il est important d'intégrer des glucides de qualité, en quantité suffisante, dans votre alimentation quotidienne.

Manger des glucides de qualité

Les glucides ont tous un indice glycémique (IG). Ce dernier indique à quelle vitesse le glucose d'un aliment se retrouve dans le sang. Le problème ? Les glucides de mauvaise qualité, ceux qui ont un IG très élevé, passent très vite dans le sang, créant un pic glycémique. Le corps est alors forcé de les mettre en stock sous forme de graisses pour faire revenir la glycémie à la normale. Par ailleurs, si les pics de glycémie sont trop importants, ils fatiguent le pancréas, entraînent des baisses d'énergie, une sensation de faim très rapide après le repas et, sur le long terme, ils aboutissent à une prise de poids.

Les tops

Les glucides de qualité, ceux qui doivent faire partie de votre quotidien, possèdent un IG faible à modéré (moins de 60). Ils gardent la glycémie stable sur une longue durée et sont lents à digérer, ce qui vous évite toute fringale 2 h après le repas. Ils diffusent leur énergie sur une longue période. En clair, ce sont vos alliés minceur !

Type d'aliment	IG bas : inférieur à 39	IG modéré : de 40 à 59
Douceurs	• chocolat noir à + de 70 % de cacao • yaourt nature et yaourt édulcoré	• muesli maison (sans sucre ajouté) • beurre de cacahuète sans sucre ajouté
Fruits	• abricot • mandarine • clémentine • nectarine • pamplemousse • fruits rouges (myrtille, fraise, framboise, groseille, mûre) • figue	• litchi • mangue • noix de coco • raisin • papaye • ananas • banane (verte) • kaki • kiwi
Oléagineux et fruits secs	• abricots secs • amandes • cacahuètes • noix • noix de cajou • pistaches	• pruneaux • figues sèches
Légumineuses	• lentilles • haricots blancs et noirs	• petits pois • haricots rouges • fèves
Céréales et féculents	• riz sauvage • pain essène (aux céréales germées)	• farine ou pain de seigle • sarrasin • avoine • quinoa • blé complet • épeautre • flocons d'avoine • semoule complète • boulgour • blé (type Ebly) • riz basmati complet • riz rouge • pâtes complètes
Légumes	• artichaut • asperge • brocoli • aubergine • betterave crue • céleri • concombre • chou • courgette • épinard • haricot vert	• patate douce • topinambour

Les cheats occasionnels

Ceux que vous devez consommer avec modération sont certains glucides à IG élevé (plus de 60). On ne parle pas de régime, ici, mais de rééquilibrage alimentaire. Ces aliments ne sont donc pas à bannir ! Vous pouvez vous faire plaisir de temps en temps, mais avec modération ; tout est une question de balance !

Aliments à IG élevé	IG supérieur à 60	
Douceurs	• müesli avec sucre ou miel ajouté • sirop d'érable • miel	• confiture • brioche maison • porridge bouilli
Fruits	• pastèque • banane mûre • châtaigne	• marron • melon
Oléagineux et fruits secs	• raisins secs • dattes	
Céréales et féculents	• nouilles de riz • pain blanc • polenta • pomme de terre (en purée, à la vapeur ou frite)	• biscotte • riz blanc • pâtes blanches (bien cuites) • farine de blé blanche et de riz
Légumes	• navet (cuit) • potiron • betterave (cuite)	• courge • carotte (cuite) • céleri (cuit)

Les flops

Ceux qu'il faut à tout prix éviter sont les sucres raffinés, comme le sucre blanc (saccharose), les denrées industrielles, comme les plats préparés, les barres chocolatées, les céréales de petit déjeuner, les gâteaux du commerce, les bonbons, les sodas, etc., qui font exploser l'IG !

7 tips pour faire baisser l'IG de vos repas

1. Misez sur les fibres !

Les fibres solubles sont celles qui ont un pouvoir sur votre glycémie. Une fois ingérées, elles créent un gel dans l'estomac, puis dans l'intestin grêle, ce qui va ralentir la digestion et l'absorption du glucose. Elles sont naturellement présentes dans la pomme, les légumineuses, l'avoine, les graines de chia et de psyllium, les graines de lin, les pruneaux. Vous pouvez donc finir votre repas par quelques quartiers de pomme ou 2 pruneaux en guise de dessert, ou mélanger votre riz ou vos pâtes à des légumineuses (pois chiche, lentille, haricot blanc), ou encore saupoudrer votre salade de son d'avoine, de graines de chia ou de graines de lin moulues.

2. Ajoutez du bon gras

Il permet aussi de ralentir la digestion, et donc l'absorption du sucre au niveau de l'intestin grêle. Il pondère donc naturellement l'IG d'un aliment à IG élevé. Par exemple, ajoutez un filet d'huile d'olive sur votre plat de pâtes blanches, ou bien mangez quelques amandes avec un fruit au goûter, ou ajoutez 1 c. à c. de beurre de cacahuète sur un porridge bouilli.

3. Dites OUI aux légumes verts !

Ils ont naturellement un faible IG : les mélanger à votre plat de riz, de pâtes, de blé ou de quinoa vous permettra de faire baisser l'IG global de votre repas. Par exemple, riz + brocoli, quinoa + courgette ou blé + épinards.

4. Attention à la cuisson !

Plus un aliment est cuit, plus son IG est élevé, car son assimilation, et donc le passage du glucose dans le sang, est facilitée. Prenez l'habitude de cuire vos pâtes al dente, préférez les pommes de terre cuites à la vapeur plutôt qu'en purée ou au four. Au lieu de faire bouillir votre porridge, faites-le « cuire » par un lait végétal la nuit (soja ou amande, sans sucre) ; les flocons d'avoine vont boire le lait et, au matin, vous aurez un porridge cru appelé « overnight porridge », dont l'IG sera bien plus bas que celui d'un porridge bouilli ! Privilégiez les carottes crues (IG 20) plutôt que cuites (IG 40).

Comment préparer son overnight porridge ?
C'est simple ! La veille, dans un bol, versez 30 à 40 g de flocons d'avoine et recouvrez-les de lait de vache (sans lactose) ou de lait végétal (soja ou amande) sans sucre ajouté. Si vous souhaitez sucrer votre porridge, ajoutez 1 c. à c. de sirop d'agave. Mélangez et mettez au réfrigérateur. Les flocons d'avoine vont boire le lait durant la nuit, et votre porridge sera prêt le lendemain matin à votre réveil ! Consommez-le froid pour garder l'IG bas de la recette. Ajoutez vos toppings (1 c. à c. de purée de cacahuète, votre portion de fruit, quelques pépites de chocolat noir à 70 % de cacao, de la cannelle en poudre…).

5. Assaisonnez vos plats avec du vinaigre de cidre ou du jus de citron

Les aliments acides évitent les hausses rapides du taux de sucre dans le sang. Cette simple mesure peut réduire de 30 % l'IG de vos plats ! Faites du riz vinaigré, agrémentez vos salades vertes, pâtes, pommes de terre, riz et autres céréales avec du vinaigre de cidre et/ou un filet de jus de citron, ou ajoutez 1 c. à s. de vinaigre de cidre ou de jus de citron dans vos plats.

6. Laissez refroidir certains aliments avant de les consommer

Après cuisson, laissez refroidir votre porridge, vos pommes de terre, vos pâtes… ou votre pain grillé du matin ! Le refroidissement de ces aliments fera naturellement baisser leur IG.

7. Misez sur la cannelle !

C'est une épice hypoglycémiante, c'est-à-dire qu'elle fait naturellement baisser le taux de sucre dans le sang. Quelques pincées sur un porridge, dans un yaourt ou sur des quartiers de pomme pour le dessert, et le tour est joué ! Vous pouvez même la consommer en en faisant infuser un bâton dans une tisane à la fin d'un repas !

Les lipides : différenciez les bonnes graisses des mauvaises !

Notre corps peut stocker d'importantes quantités de lipides. Il faut savoir que les graisses apportent à peu près deux fois plus d'énergie que les glucides, mais elles ne sont pas immédiatement disponibles lors d'un effort. En d'autres termes, ce ne sont pas les graisses que vous brûlez en premier. Elles ne sont pas à bannir pour autant ! Les lipides apportent à l'organisme des vitamines et des acides gras essentiels, elles participent au bon fonctionnement des hormones et constituent nos cellules. Grâce à elles, les vitamines liposolubles

(A, D, E, K) sont mieux absorbées par l'organisme. C'est encore une fois une question d'équilibre : vous devez les consommer en quantité raisonnable tout en faisant attention à leur qualité. Il existe quatre formes de lipides : les acides gras polyinsaturés, les mono-insaturés, les saturés et les trans.

Les tops

Ceux à privilégier dans votre alimentation au quotidien sont les oméga-3 et 6, essentiels à l'organisme puisqu'il n'a pas la capacité de les fabriquer lui-même. Notre alimentation d'aujourd'hui est plus pauvre en oméga-3 qu'en oméga-6, il faut donc veiller à retrouver cet équilibre. Les oméga-9, fabriqués par l'organisme mais également présents dans certains aliments, sont aussi à consommer, car ils ont un effet bénéfique sur le système cardio-vasculaire.

Où les trouver ?	Les huiles	Les oléagineux et les graines	Les protéines animales	Les légumes	Les douceurs
Oméga-3 (poly-insaturés)	• huile de noix, de lin ou de colza • margarine	• noix • noisettes • amandes • graines de lin	• saumon • thon • hareng • maquereau • sardine • œuf (label Bleu-Blanc-Cœur : les poules sont nourries aux graines de lin)	• légumes verts à feuilles (cresson, épinards) • choux	• purée de noisettes ou d'amandes
Oméga-6 (poly-insaturés)	• huile de pépin de raisin, de tournesol, de sésame, de noisette, de noix, d'olive, de soja, d'arachide	• noix du Brésil • arachides • pignons de pin • pistaches • graines de tournesol • sésame • citrouille • courge • pavot	—	—	• purée de pistaches ou d'arachides
Oméga-9 (mono-insaturés)	• huile de noisette, d'olive, de colza, d'arachide	• noix de pécan • amandes • noix de cajou • pistaches • noix de macadamia • noisettes • arachides • graines de lin, de tournesol, de sésame	• œufs crus • gruyère • saint-nectaire • saumon d'élevage cru	• avocat	• chocolat noir à 70 % de cacao au minimum • purée d'amandes, d'arachides, de noisettes, de pistaches, de noix de cajou

Les cheats occasionnels

> Rusez en remplaçant certains produits trop riches en graisses pour garder la ligne. Vous pouvez par exemple remplacer votre portion de fromage par un yaourt nature ou privilégier les fromages au lait de brebis plutôt qu'au lait de vache.

Ceux à consommer de manière occasionnelle : les acides gras saturés, présents principalement dans les produits d'origine animale (viande rouge, lait, fromage, charcuterie, crème, beurre, produits laitiers gras), mais aussi dans certaines huiles végétales, comme l'huile de coco ou de palme, ou encore dans les pâtisseries faites maison. Ils ont mauvaise réputation, car leur consommation en excès favorise l'augmentation du mauvais cholestérol. En quantité raisonnable, ils sont bons pour l'organisme, car ils participent à la constitution des membranes cellulaires et apportent les vitamines nécessaires à son bon fonctionnement. Encore une fois, tout est une question d'équilibre, il faut savoir se faire plaisir de temps en temps.

Les flops

Ceux qu'il faut bannir de votre alimentation : les acides gras trans, qui devraient idéalement représenter moins de 2% des graisses ingérées. Issus de l'industrie agroalimentaire, qui modifie la configuration des molécules d'acides gras saturés, les acides gras trans sont censés donner une meilleure tenue et une meilleure texture aux aliments tout en permettant une conservation plus longue. Seulement, elles ont un effet néfaste sur le taux de cholestérol ! Vous les trouverez dans tous les produits industriels, des pâtisseries aux viennoiseries en passant par les plats préparés, les biscuits apéritifs, les pâtes à tartiner, les barres de céréales, les céréales industrielles et même les soupes en brique !

> Apprenez à lire les étiquettes lorsque vous faites vos courses. Si, dans la liste des ingrédients, il est écrit « hydrogéné » ou « partiellement hydrogéné », c'est que le produit contient des acides gras trans. Fuyez !

Les protéines

Elles sont la base même de l'organisme : ce sont elles qui constituent nos muscles, nos organes, nos hormones, nos enzymes, nos anticorps… Voilà une raison essentielle pour ne pas oublier d'en manger ! La nature nous offre deux sortes de protéines : animales et végétales.

Les protéines animales		
Viandes et poissons	• viande rouge (bœuf, porc, agneau) • viande blanche (poulet, dinde) • poisson gras (saumon, thon, maquereau, sardine)	• poisson blanc (merlan, colin, cabillaud) • crustacés (crevette, crabe, homard) • œufs
Produits laitiers	• fromage et produits à base de lait de vache, de brebis et de chèvre	

Les protéines végétales		
Légumineuses	• lentilles • pois chiches • haricots secs (rouges, blancs, azuki)	• fèves • petits pois • pois cassés
Céréales et produits à base de céréales	• sarrasin • quinoa • petit épeautre • son d'avoine • millet • orge	• seigle • riz • pâtes • blé • seitan
Oléagineux et graines	• arachides • amandes • noix • noix de cajou	• pignons de pin • pistaches • graines de chia, de courge, de chanvre, de fenugrec, de lin
Algues	• spiruline • wakamé • chlorelle	• nori • klamath
Produits laitiers	• yaourt au soja • lait de coco • laits végétaux (soja, avoine, amande, noisette, riz)	• tofu soyeux (remplace la crème à base de lait de vache)
Produits à base de soja	• tofu • tempeh	
Les douceurs	• purées d'arachides, d'amandes, de noix de cajou, de pistaches (elles sont de bonnes alternatives au beurre)	

Le corps a besoin d'acides aminés pour se construire. Certains de ces acides aminés ne peuvent être synthétisés par le corps; ils doivent être puisés dans l'alimentation. Ce sont les acides aminés essentiels. Si les protéines animales sont toutes pourvues des 8 acides aminés essentiels, la plupart des protéines végétales ne le sont pas. Il faut alors les combiner entre elles pour les obtenir. Combinez céréales et légumineuses, par exemple du riz semi-complet avec des lentilles, du blé avec des fèves ou encore de la semoule complète avec des pois chiches. Seuls le tofu, le tempeh, l'avoine et le quinoa sont pourvus des 8 acides aminés essentiels.

Vitamines et minéraux

Les vitamines et les minéraux sont des nutriments essentiels au bon fonctionnement de l'organisme, qui n'est pas capable de les synthétiser lui-même. Chaque aliment, qu'il soit d'origine animale ou végétale, apporte des vitamines et des minéraux. Les légumes, les légumineuses et les fruits en apportent en grande quantité, c'est pour cela que vous devez veiller à varier votre alimentation le plus possible afin de couvrir tous vos apports en vitamines et en minéraux, et cela quotidiennement. Des apports trop faibles peuvent avoir de graves conséquences sur la santé à long terme : vieillissement précoce, maladies cardio-vasculaires et cancers.

Vous trouverez les minéraux sous le nom de sodium, potassium, magnésium, calcium, fer, phosphore, cuivre, zinc… Ils sont présents dans les eaux minérales et essentiels à l'organisme, c'est aussi pour cela qu'il est important de boire de l'eau !

Manger équilibré, c'est manger de tout !

Non au régime !

Vous l'aurez compris, pour avoir une alimentation équilibrée, on ne se prive de rien, mais on mange en juste quantité. Les régimes sont donc à éviter : non seulement ils sont contraignants, mais ils sont souvent inefficaces ! Beaucoup entraînent un déséquilibre entre apports de macronutriments (glucides, lipides et protéines), car on cherche à se priver de graisses ou de glucides, voire à se nourrir quasi exclusivement de protéines… Ils appauvrissent l'apport quotidien en vitamines et minéraux. Les restrictions de macronutriments et la réduction de l'apport calorique au quotidien ralentissent le métabolisme de base. Privé de ce dont il a besoin, le corps va se mettre en mode survie et utiliser le moins de calories possible. Résultat : vous perdez du poids assez rapidement mais, dès que vous reprenez une alimentation normale, même si elle est saine et équilibrée, vous en reprenez aussitôt ! Vous pèserez peut-être même plus que votre poids d'avant régime ! La meilleure des recettes à adopter est une alimentation équilibrée au quotidien, raisonnée, non restrictive et accompagnée d'une activité physique régulière ! #HealthyLife

Manger raisonnablement

Pour vous aider à vous repérer sur les quantités, utilisez votre main comme point de repère…

- **Les protéines :** la quantité doit correspondre à la paume de votre main.
- **Les glucides :** la quantité doit correspondre à votre poing serré.
- **Les lipides :** la quantité doit correspondre à votre pouce.
- **Les légumes** doivent représenter la moitié de votre assiette.
- Vous avez envie de pâte à tartiner ? Limitez-vous à un pouce !

Les protéines : œufs, poisson, viande, tofu, tempeh, seitan, produit laitier animal ou végétal…
Les glucides : céréales (pâtes, riz, blé, semoule), féculents (pomme de terre, patate douce…), fruits frais ou secs, légumineuses (lentille, haricot sec, petit pois…)
Les lipides : huiles végétales (de lin, d'olive, de tournesol), oléagineux (amande, noisette, noix), graines (de courge, de lin, de tournesol)…
Les légumes : légumes verts et à feuilles (épinard, brocoli, haricot vert…), crucifères (chou-fleur, navet…), légumes-fruits (aubergine, courgette, poivron, tomate, concombre…) et légumes-racines (carotte, betterave, céleri…).

L'équilibre se fait sur une semaine

Pourquoi ?

Parce que le corps est soumis à de nombreux changements liés à la température, aux hormones ou encore à l'activité physique. Tous ces facteurs peuvent faire fluctuer le métabolisme basal au quotidien. La bonne nouvelle, c'est donc que vous pouvez totalement vous autoriser de temps en temps un petit plaisir ou un cheat meal, car il est tout à fait possible de contrebalancer cet excès en reprenant de bonnes habitudes alimentaires les jours qui suivent. L'équilibre ne se fait pas sur une journée, mais sur une semaine ! Concrètement, 80 % de vos repas doivent être healthy et 20 % (soit 2 repas max par semaine) peuvent être des cheat meals, où vous vous autoriserez des aliments à caractère nutritionnel peu intéressant pour l'organisme (croissant, pâte à tartiner, junk food…). Il faut juste éviter de confondre plaisir avec gavage ! Votre objectif est de rester sur un équilibre qui vous évite tout effet yoyo par la suite !

Et si je veux mincir ?

Le calcul est simple : dépensez plus que ce que vous consommez ! Pour cela, restez sur la base d'une alimentation équilibrée, veillez à diminuer légèrement votre apport en glucides (– 10 %), en privilégiant les glucides à IG bas et modéré, diminuez les graisses et ne consommez que celles de qualité, et ne touchez pas à vos apports en protéines. Vous obligerez ainsi votre corps à puiser dans ses réserves. Ne soyez pas trop pressée ! Le temps sera votre allié si vous souhaitez par la suite maintenir votre poids de forme.

Et si mon objectif est de me tonifier ?

Vous souhaitez garder votre poids de forme et simplement sculpter votre corps ? C'est facile : mangez un peu plus calorique pour compenser vos dépenses énergétiques. Votre apport calorique doit être égal à ce que votre métabolisme basal dépense au quotidien. Lorsque vous vous entraînez, la dépense calorique augmente forcément. Pour rééquilibrer la balance afin de ne pas perdre de poids et, surtout, conserver votre masse musculaire, vous devrez augmenter vos apports caloriques quotidiens en glucides et en protéines de 10 % environ, et les lipides de 5 %, en veillant toujours à la qualité de vos aliments ! Comment savoir si ça marche ? Même si votre objectif est juste de vous tonifier sans perdre de poids, vous allez voir votre corps changer après ce programme, si vous le faites sérieusement. Pour savoir si vous êtes sur la bonne voie, la « fringue test » est un bon point de repère pour vous. Vous aviez un vêtement dans lequel vous étiez trop juste avant de commencer ce programme ? Essayez-le 2 mois après ; si vous êtes un peu plus à l'aise dedans, c'est que le programme est efficace et juste par rapport à votre objectif !

Les 6 règles pour garder la ligne

Ces quelques petits conseils, simples à appliquer au quotidien, vous aideront à avoir une shape au top.

Je consomme beaucoup de légumes

Déjà parce qu'ils ont l'avantage d'apporter très peu de calories par rapport à leur volume dans l'assiette. Riches en fibres, ils sauront vous rassasier, et cette sensation de satiété vous donnera moins envie de prendre un dessert. Les fibres ont aussi cette particularité d'améliorer le transit intestinal, ce qui aide à avoir un joli ventre plat ! Choisissez des légumes frais et de saison, et donnez-leur 50 % de la place dans votre assiette !

Je mange toujours une crudité avant le plat principal

Certains légumes crus ont une teneur en fibres solubles plus élevée (carotte, courgette, asperge…), ils nécessitent donc davantage de mastication et ont un effet rassasiant plus élevé. En plus d'être rassasiantes, ces fibres forment un gel dans l'estomac. Ingérées en début de repas, elles permettront d'absorber une partie des sucres et des graisses de votre repas global.

Je ne squeeze jamais le petit déj !

Le petit déjeuner est LE repas le plus important de la journée ! Il fait suite à un jeûne de 8 à 12 h, l'organisme a donc besoin de combler ses besoins en énergie. Un bon petit déjeuner évite la fringale de 11 h (et le craquage sur une sucrerie qui traînerait au boulot), et il permet d'éviter de se goinfrer au déjeuner comme si on mourait de faim ! Le fait de manger après le réveil stimule le métabolisme en donnant à l'organisme le signal de brûler des calories, ce qui n'est pas le cas si vous sautez le petit déjeuner : dans ce cas, l'organisme les stocke ! #TeamBreakfast

Je prends 4 repas équilibrés plutôt que 2 gros repas par jour

Le fait d'avoir des repas réguliers (petit déj, déj, collation et dîner) garde le métabolisme actif tout au long de la journée ; il utilise ainsi plus d'énergie ! Et, contrairement aux idées reçues, s'accorder une collation équilibrée vers 16 h est bon pour la ligne : cela vous permettra d'avoir moins faim au dîner, et donc de manger plus léger le soir.

Je dîne léger

La dépense d'énergie entre le dîner et le coucher est la plus faible de la journée. Pour éviter de consommer plus que ce que vous dépensez, privilégiez les légumes et des protéines qui se digèrent bien. Les protéines végétales étant les plus digestes, n'hésitez pas à opter pour un repas végétarien (légumes + tofu ou céréales + légumineuses). Si vous mangez des céréales, préférez celles à IG bas, riches en fibres et qui feront peu grimper votre taux de sucre dans le sang. Si votre training date de la fin d'après-midi ou du début de soirée, ces glucides permettront de refaire vos stocks d'énergie et de recharger vos muscles.

Je bois beaucoup (d'eau) !

Tout d'abord, elle élimine les toxines du corps ! Boire beaucoup et régulièrement permet aux reins de faire leur travail en drainant hors de votre organisme les déchets, qui seront éliminés via les urines. Boire un verre d'eau avant chaque repas permet au corps de s'hydrater, et lui apporte ce dont il a besoin pour bien fonctionner, mais cela coupe aussi la sensation de faim : vous gérerez mieux les quantités lors de votre repas.

Mon petit déjeuner idéal

Ce repas doit vous fournir assez d'énergie pour récupérer du jeûne de la nuit et alimenter votre cerveau et vos muscles afin de faire le plein d'énergie. Pour que vous soyez efficace physiquement et mentalement toute la matinée, il doit vous apporter 30% de vos apports énergétiques quotidiens. Il doit être composé de 40% de glucides, de 25 à 30% de lipides et de 10 à 15% de protéines.

1 GRAND VERRE D'EAU POUR COMMENCER LE REPAS afin de réhydrater et de réveiller l'organisme.

1 PORTION DE FRUITS DE SAISON pour les glucides, les fibres et les vitamines (250g de fraises, 2 abricots, 1 orange, 1 pomme…)

1 CAFÉ OU UN THÉ que vous dégusterez plus tard dans la matinée, sans sucre si possible.

2 TARTINES DE PAIN AUX CÉRÉALES À IG BAS OU MODÉRÉ, comme du pain de quinoa, d'avoine, du pain essène… (voir tableau des IG, p. 27) pour les glucides, avec 1 œuf au plat et 30g de fromage frais tartiné pour les bonnes graisses et les protéines en option sucrée-salée.

Si vous préférez le sucré, optez pour l'option overnight porridge préparé la veille (voir recette p. 29), avec 1 c. à c. de purée d'amandes pour avoir une bonne source de glucides à IG bas, de bonnes graisses et des protéines; pour le porridge, privilégiez le lait de soja, voire le lait de vache sans lactose.

Vous pouvez également opter pour un porridge de chia en ajoutant votre portion de fruits et quelques amandes pour les glucides, les protéines et les bonnes graisses.

Mon déjeuner idéal

Le déjeuner recharge l'organisme en énergie après une longue matinée d'activité et il permet au métabolisme de continuer à brûler des calories. Il doit contenir environ 60% de glucides, 20% de lipides et 20% de protéines.

1 VERRE D'EAU pour commencer afin d'hydrater le corps et remplir un peu l'estomac avant chaque repas.

1 CRUDITÉ : une petite assiette suffit pour commencer à entamer le procédé de satiété et apporter des fibres ! Vous pouvez par exemple opter pour des carottes râpées, des betteraves crues, du céleri cru avec un filet d'huile d'olive et du jus de citron ou du vinaigre de vin.

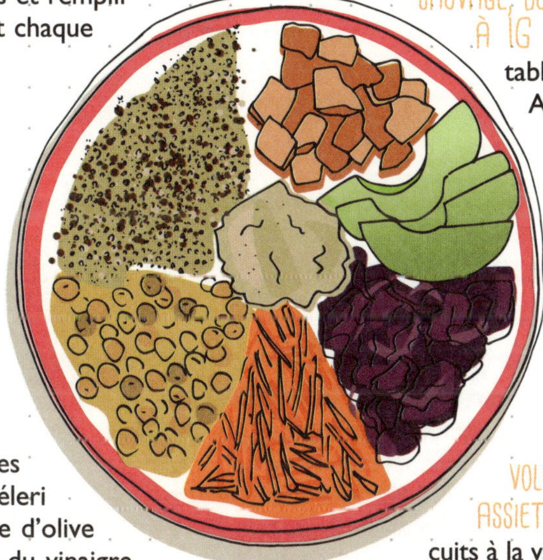

DES PÂTES AU BLÉ COMPLET, DU RIZ SAUVAGE, DU BLÉ POUR LES GLUCIDES À IG BAS OU MODÉRÉ (voir tableau des IG, p. 27). Agrémentez d'un filet d'huile végétale (lin, olive, sésame…), ou de quelques tranches d'avocat, ou de graines de courge ou de sésame pour les lipides.

DES LÉGUMES À VOLONTÉ (50% DE VOTRE ASSIETTE) : ils peuvent être cuits à la vapeur ou au wok pour apporter plein de vitamines, de fibres et de légèreté à votre repas !

DES BONNES PROTÉINES, ANIMALES OU VÉGÉTALES, EN ACCOMPAGNEMENT : blanc de poulet, poisson blanc, poisson gras, tofu mariné, tempeh, OU DES LÉGUMINEUSES pour former le fameux combiné légumineuses + céréales (riz-lentilles, semoule-pois chiches…).

1 PORTION DE FRUIT DE SAISON si vous avez encore de la place et que vous avez envie d'une touche sucrée, mais ce n'est pas obligatoire (vous pouvez la garder pour votre collation de 16 h).

Mon dîner idéal

Le dîner doit être plus léger que le déjeuner, mais vous apporter suffisamment de calories pour tenir toute une nuit de jeûne, refaire votre stock de glycogène musculaire (le carburant des muscles) et permettre au corps de fonctionner normalement (réparer les muscles ou les construire, etc.). Le soir, gardez la même quantité de protéines qu'au déjeuner, mais réduisez les quantités de lipides de 5 % et celles de glucides de 10 à 15 %.

1 VERRE D'EAU POUR COMMENCER AFIN D'HYDRATER LE CORPS et remplir un peu l'estomac avant le repas.

1 CRUDITÉ : une petite assiette suffit pour commencer à entamer le procédé de satiété et apporter des fibres ! Vous pouvez par exemple opter pour du concombre ou des bâtonnets de carotte avec une sauce au fromage blanc, à la ciboulette et au citron.

DES PÂTES AU BLÉ COMPLET, DU RIZ SAUVAGE, DU BLÉ POUR LES GLUCIDES À IG BAS (voir tableau des IG p. 27). Agrémentez d'un filet d'huile végétale (lin, olive, sésame…) ou de graines de courge ou de sésame pour les lipides. Si vous optez pour des protéines végétales avec des légumes mais que vous n'avez pas très faim, ne consommez pas de céréales.

DES PROTÉINES VÉGÉTALES EN ACCOMPAGNEMENT : tofu mariné, tempeh ou seitan accompagné de légumes variés, OU le fameux combiné légumineuses + céréales (riz-lentilles, semoule-pois chiches...). Vous pouvez opter par exemple pour du tofu mariné et poêlé au citron et au gingembre avec une poêlée de courgettes, ou un curry de lentilles accompagné de riz.

DES LÉGUMES À VOLONTÉ (50 % DE VOTRE ASSIETTE) : ils peuvent être cuits à la vapeur ou au wok pour apporter plein de vitamines, de fibres et de légèreté à votre repas ! Privilégiez les légumes de saison.

1 PETITE PORTION DE FRUITS DE SAISON si vous avez encore de la place et que vous avez envie d'une touche sucrée (mais ce n'est pas obligatoire). Privilégiez les fruits à IG bas (1 abricot, 150 g de fraises, 150 g de framboises, 1 clémentine...).

Mois 1

Objectif

tonifier le body !

Ça y est, c'est maintenant que le programme commence! Tout est planifié, vous êtes prête mentalement à affronter ce premier mois! Vous avez conscience que vous challenger ne sera pas toujours facile mais c'est aussi ça qui est excitant, non? Aller au-delà de votre zone de confort ne vous laissera pas sans quelques courbatures... mais dites-vous qu'à la fin de ce premier mois, si vous êtes régulière, vous obtiendrez déjà des résultats concrets qui vous motiveront, qui vous donneront envie de poursuivre vos efforts le 2e mois! L'objectif de ce 1er mois : tonifier son corps en alternant renforcement musculaire et cardio.

Pourquoi alterner renfo et cardio?

L'objectif est de monter crescendo en difficulté et en intensité durant ces 3 mois. Lors de ce premier mois, les séances et les challenges en renforcement musculaire seront construits avec des exercices basiques à réaliser à poids de corps (c'est-à-dire sans haltère ni lest, rien qu'en luttant contre la gravité et le poids de votre corps, et ce n'est pas rien!) afin de remettre votre corps en forme et de vous familiariser avec les exercices. Les séances et les challenges en cardio vous permettront de gagner en souffle et en condition physique pour être plus que prête le 2e mois!

Comment ça marche?

Votre métabolisme de base va augmenter grâce au combo cardio-renforcement musculaire. Les trainings et les challenges réguliers vont booster la croissance de votre masse musculaire aux dépens de votre masse graisseuse globale : en simple, on gagne du muscle mais on perd de la graisse! Les muscles étant de gros consommateurs d'énergie, même au repos, votre corps sera amené à dépenser plus de calories au quotidien. Si votre apport nutritionnel est bien géré à côté, vous brûlerez davantage de calories! À vous la jolie silhouette tonique!

Je m'affine!

C'est à partir de 30 min de cardio type running à intensité modérée (une intensité que vous pouvez maintenir longtemps en parlant sans être trop essoufflée) que l'organisme commence à puiser dans les graisses et engendre un drainage profond. Même si vous n'arrivez pas à tenir plus de 30 min, le faible pourcentage de graisses brûlées durant la séance aura quand même un effet positif à la fin du premier mois. Votre silhouette sera nettement plus tonique et affinée!

Mon plan d'action training

Le planning challenge training de la semaine

L'objectif de ce premier mois est de vous tonifier et de vous remettre en forme! Vous commencerez le lundi avec un training renfo bas du corps et abdos, puis un challenge renfo le mardi, un training renfo haut du corps et abdos le jeudi, un challenge cardio le vendredi et une séance longue cardio en mode challenge le dimanche. En travaillant tout le corps toute la semaine et de différentes manières, vous allez booster votre métabolisme et brûler un max de calories! Parfait pour se galber!

Et les autres jours?

Le mercredi et le samedi, vous serez en mode récupération active! En pratique, c'est une séance de pilates le mercredi et une séance de yoga le samedi. Ces deux disciplines vont vous permettre de récupérer, tant au niveau musculaire qu'au niveau nerveux grâce aux respirations contrôlées et aux étirements actifs. Prenez ces moments pour vous recentrer sur vous-même. L'objectif de la récupération active, c'est de ne pas rester inactive; en bougeant, même de manière douce, vous ajoutez des calories brûlées au compteur!

Comment ça marche?

Les trainings de renforcement musculaire (haut et bas du corps) sont des circuits dont les exercices sont à exécuter en série et sur un timing bien précis. Les challenges consistent à réussir un certain nombre de répétitions dans un timing bien précis. Tandis que les trainings pilates et yoga ainsi que les longues sorties cardio sont à exécuter à votre rythme; ce sont des sortes de récupération active qui vous permettent de continuer à bouger et à brûler des calories! Tout est adapté à votre niveau (voir ci-dessous)!

Profil 1 : vous êtes une challengeuse en devenir

Vous commencez dans la pratique sportive et vous avez peu ou pas du tout conscience de votre corps, des bonnes postures et de vos ressentis? Suivez le guide!

Les difficultés que vous pourriez rencontrer...

Les débuts risquent d'être difficiles, tant sur le plan de la condition physique que sur le plan mental, et c'est normal. Rappelez-vous toujours d'une chose : pour finir un marathon, il ne faut jamais partir à toute vitesse au début! Prenez le temps de vous habituer aux exercices, aux placements, au rythme des trainings. N'hésitez pas à prendre des options pour vous aider à terminer vos exercices, mais ne vous arrêtez pas. Et si vraiment c'est trop difficile, prenez 10 à 15 s de pause, soufflez... et repartez! On n'a rien sans rien : ne lâchez pas et allez toujours jusqu'au bout de vos trainings! *You can do it*!

Profil 2 : vous êtes une challengeuse à confirmer !

Pratiquer une activité physique, vous connaissez déjà, mais être régulière dans cette pratique, c'est autre chose ! Il vous manque peut-être un cadre, une motivation ? Grâce à ce programme complet, avec des consignes chaque jour, vous allez pouvoir prouver que vous avez la ressource nécessaire pour y arriver ! Vous avez déjà conscience de votre corps et de votre condition physique, c'est un très bon début. Vous allez les améliorer à travers ce training.

Les difficultés que vous pourriez rencontrer…

Parfois, il est possible que vous ayez envie de passer votre tour sur un training à cause de la fatigue, car les premières semaines vont être intenses. Pour maintenir votre moral, appuyez-vous sur les trackers : voir votre réussite, avoir coché toutes les cases training jusqu'alors vous remotivera !

Profil 3 : vous êtes une challenge addict !

Pratiquer une activité régulière, transpirer, avoir des courbatures… vous avez l'habitude, et cela ne vous fait absolument pas peur ! Il vous manque juste ce petit plus pour aller encore plus loin et vous dépasser davantage ! Ce programme est justement ce que vous recherchiez !

Les difficultés que vous pourriez rencontrer…

Il s'annonce costaud, mais vous avez conscience qu'il faut transpirer pour avoir un corps de bombe ! Préparez votre mental d'acier à tenir jusqu'au bout des trainings ! Si parfois la fatigue prend le dessus, ralentissez le rythme sans jamais lâcher jusqu'à la fin de votre séance ; vous repartirez de plus belle pour la suite du programme !

Mes exos

RENFO LOWER & UPPER BODY

CRISS CROSS

FENTE UNILATÉRALE OU ALTERNÉE

GAINAGE COSTAL À DROITE/GAUCHE

POMPE

OISEAU

GAINAGE FRONTAL

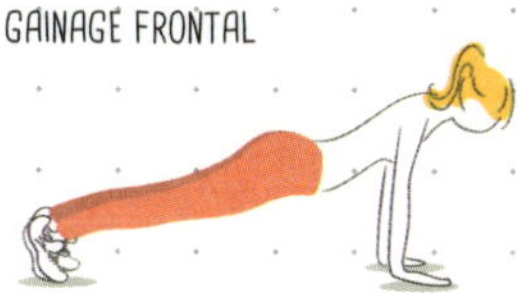

RELEVÉ DE BASSIN

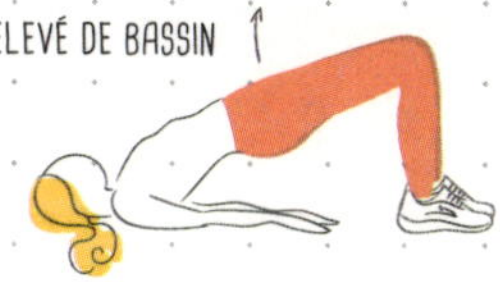

SQUAT

SQUAT AVEC ABDUCTION ALTERNÉE

SQUAT SUMO

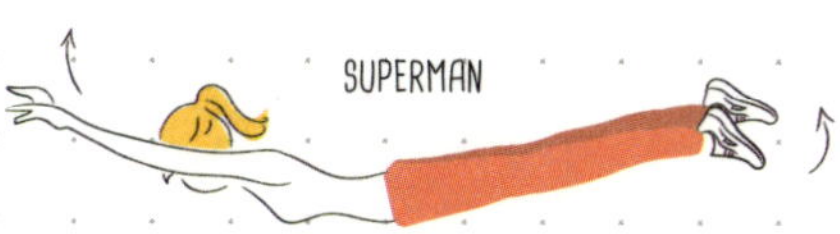

SUPERMAN

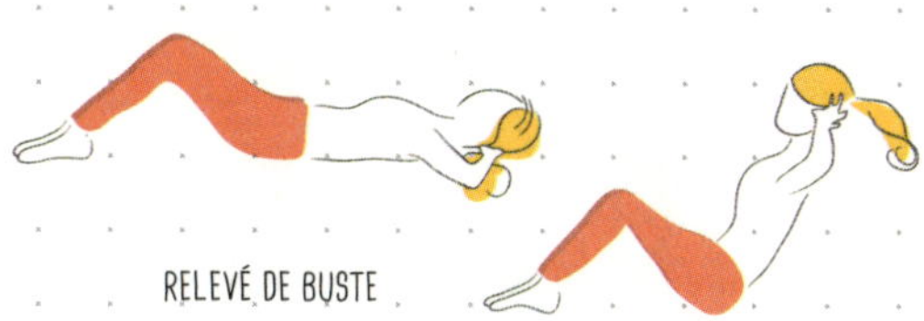

RELEVÉ DE BUSTE

CHALLENGE CARDIO

JUMP ALTERNÉ DROITE/GAUCHE

MOUTAIN CLIMBERS

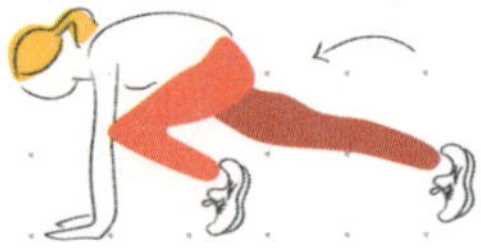

SPEED FEET

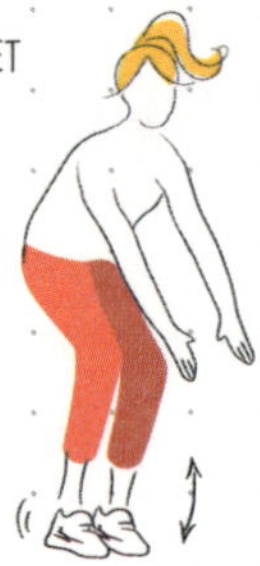

SEAL JACK

CHALLENGE RENFO

ARMY PLANK

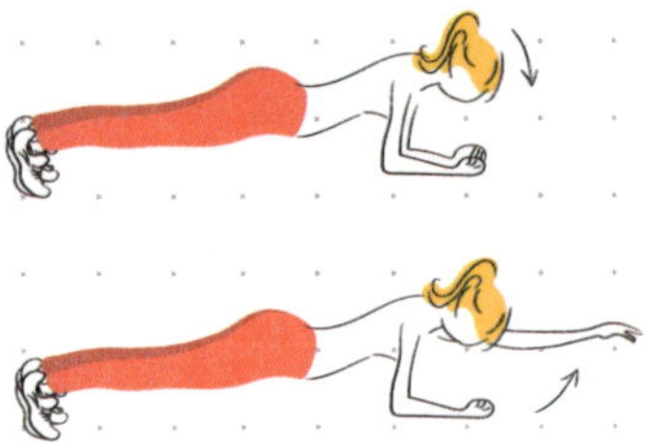

DOWN & UP

CHAIR + DIRECT ALTERNÉ

SHOULDER PRESS

PILATES

FLEXION
DE LA COLONNE ASSISE

FLEXION
DE LA COLONNE DEBOUT

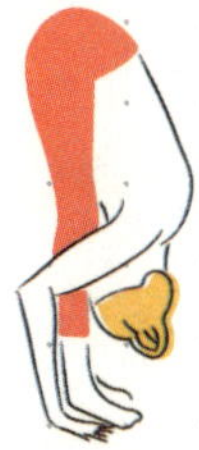

INCLINAISON
DE LA COLONNE
ALTERNÉE ASSISE

INCLINAISON
DE LA COLONNE
ALTERNÉE DEBOUT

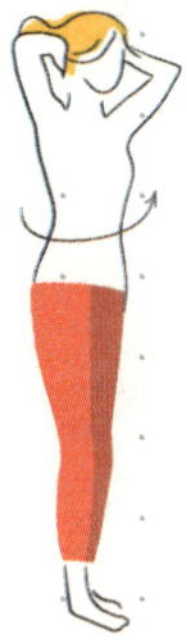

ROTATION
DE LA COLONNE
ALTERNÉE DEBOUT

ONE HUNDRED

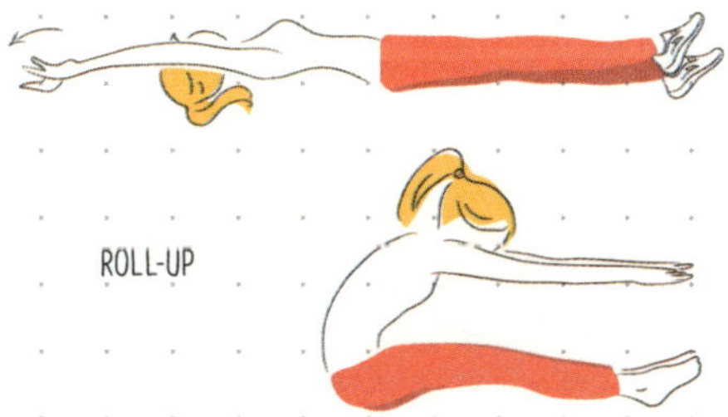

ROLL-UP

YOGA

ARBRE

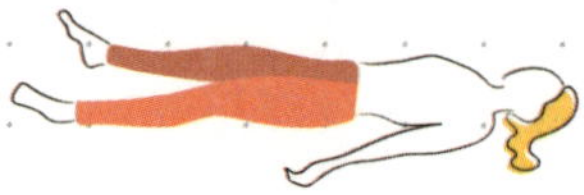

SAVASANA

CHANDELLE CONTRE LE MUR

CHIEN TÊTE EN BAS

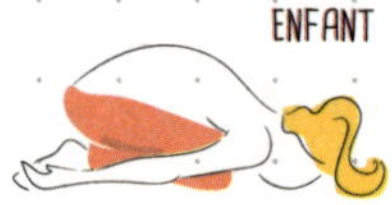

ENFANT

CHAT

Plan d'action food : objectif zéro mauvais sucre !

Avant de vous placer dans les starting-blocks et afin de vous garantir des résultats optimaux, adoptez une nutrition complémentaire à ce programme. Ce mois-ci, on commence par éliminer les mauvais sucres ! Le sucre que l'on ajoute (et non celui contenu naturellement dans les produits sains) ne devrait pas avoir sa place dans vos placards. Il n'est d'aucune utilité pour l'organisme, et c'est l'ennemi n° 1 de votre ligne ! C'est donc le premier élément à modifier dans votre alimentation si vous souhaitez perdre du poids, et surtout des graisses.

Trop de sucre, mauvais pour la shape

L'organisme transforme tous les glucides en glucose pendant la phase de digestion. En premier lieu, le sucre est stocké sous forme de glycogène dans les muscles : il est directement utilisable. Cette partie n'agit donc pas sur la prise de poids, mais permet de fournir de l'énergie directement lorsque le corps en a besoin. En revanche, lorsque les réserves de glycogène sont pleines, le glucose est transformé et stocké sous forme de graisses dans les tissus adipeux, souvent en couche au niveau de l'abdomen et autour des viscères ! Dites donc adieu à votre ligne et à votre body de rêve !

Que se passe-t-il lorsque je mange trop de sucre ?

L'expression « le sucre appelle le sucre » vient tout simplement du fait que le trop-plein de sucre dans le sang oblige le pancréas à libérer beaucoup plus d'insuline (hormone qui régule la glycémie sanguine) que la normale. Cela entraîne par la suite une forte demande d'énergie de la part de l'organisme car, une fois cette étape finie, il connaît une baisse de régime. La plupart du temps, cette demande d'énergie est comblée par un nouvel apport en sucre, d'où la mise en place d'un cercle vicieux ! Si on veut arriver au corps de ses rêves, on évite !

Le mauvais sucre est donc dangereux pour la santé ?

Le pancréas, qui gère la glycémie en libérant l'insuline, possède un « capital sucre » qui ne se renouvelle pas. Lorsque l'apport en sucre est trop élevé, l'organisme crée à terme une résistance à l'insuline. Vos cellules n'ont plus la capacité d'absorber et d'assimiler le sucre, ce qui donne naissance par la suite à diverses maladies, comme le diabète, les maladies cardio-vasculaires ou les cancers, en plus d'accélérer le vieillissement des cellules. Alors mangez mieux et prenez soin de votre home body !

Comment différencier le bon sucre du mauvais sucre ?

Fuyez les sucres raffinés et industriels (sucre blanc, gâteaux industriels, barres chocolatées, céréales industrielles, sodas, bonbons...) et placez-les dans la colonne « mauvais sucres » ! Ce sont des bombes de calories vides, dépourvues des nutriments essentiels pour l'organisme. Si vous avez besoin d'ajouter du sucre dans vos yaourts ou vos gâteaux maison, par exemple, privilégiez le sucre de coco ou le sirop d'agave. Ils sont naturels et ont un IG bas, ce qui évitera de faire monter votre glycémie en flèche ! Privilégiez les glucides issus des céréales, des légumineuses et des fruits, en privilégiant ceux qui ont un IG bas, surtout si vous les consommez seuls (riz sauvage, blé, boulgour, lentilles, pois cassés, abricot, fruits rouges, clémentine ou pomme). Les glucides à IG plus élevé (pomme de terre, patate douce, pâtes blanches *al dente*, melon, pastèque...) sont à consommer accompagnés de bonnes graisses et de protéines ; ils voient ainsi leur IG baisser.

Si vous avez envie de vous faire plaisir occasionnellement, mieux vaut s'accorder un petit plaisir sucré à la fin d'un repas que manger des gourmandises sucrées seules en dehors des repas. Votre glycémie sera mieux régulée, et vous éviterez les pics d'insuline (montée en flèche de votre glycémie) !

Fuyez les produits light et les édulcorants !

Vous pensez qu'en consommant des produits light vous perdrez du poids ? C'est une intox ! Sachez que les industriels, en éliminant la matière grasse d'un produit, doivent ajouter du sucre, des édulcorants et des additifs pour qu'il garde sa tenue et sa texture ! De plus, l'édulcorant agit comme un stimulateur de la sensation de faim et nourrit encore plus notre addiction au goût sucré. En consommant trop de produits light et d'édulcorants, ce « faux » goût sucré envoie un message trompeur à l'organisme, qui perturbe le métabolisme de la glycémie. Résultat : le corps réclame du sucre, engendrant une sensation de faim permanente.

Si vous êtes une #SuggarAddict, vos challenges...

- Diminuer votre consommation de sucres industriels.
- Augmenter votre consommation de bons sucres.
- Consommer davantage de légumes.
- Bien répartir vos repas, pour ne pas avoir faim toutes les 2 h.
- Bannir tout grignotage intempestif.
- Boire un grand verre d'eau lorsque vous avez une envie de sucre : effet coupe-faim !

Si vous avez de mauvaises habitudes alimentaires, vos challenges...

- Bannir tous les produits industriels tentants de vos placards !
- Remplir vos placards de bons sucres.
- Préparer vos repas en avance pour ne pas craquer en rentrant du boulot !
- Faire des repas complets pour éviter de grignoter dans la journée.
- Remplacer vos habitudes sucrées par de bonnes habitudes, meilleures pour votre santé (par exemple, remplacer le jus d'orange industriel par du jus pressé !)
- Bannir les produits light !

Si vous consommez peu de sucre mais que vous avez du mal à vous en passer, vos challenges…

- Consommer uniquement les bons sucres.
- Préférer les produits sans sucres ajoutés.
- Cuisiner maison.
- Se passer d'une envie dite « psychologique » (qui n'est pas une faim, plutôt une envie de réconfort en cas de coup de blues, de fatigue, d'ennui, voire un incontournable pour clore une belle journée) et faire appel à son mental ou faire passer cette envie par une bonne respiration !
- Faire au moins une semaine sans sucre !

Les astuces et les recettes sans sucre de ce mois vous aideront à tenir bon !

Plan d'action feel good : dites adieu au stress !

Le stress et les émotions négatives sont souvent responsables des kilos en trop, c'est pourquoi ce programme lie activité physique, nutrition équilibrée et gestion du stress. Sans cette dernière clé, vous arriverez difficilement à vous débarrasser des kilos superflus ! Au programme : pleins de tips wellness pour mieux gérer ses émotions ! #BreatheAndFeelGood

L'impact du stress

Les sources de stress peuvent être diverses (liées au travail ou à des problèmes familiaux, d'argent…). Il agit comme une alerte pour l'organisme, qui se met alors en mode « danger » pour pouvoir faire face à une situation rapidement. Si le stress est chronique, il peut vous mettre en péril, car il garde l'organisme dans un état d'alerte permanent, ce qui entraîne à moyen terme de la fatigue ainsi que des problèmes de sommeil et digestifs qui se répercutent par une prise de poids !

Stress et ligne ne font pas bon ménage !

Le cortisol est l'hormone de l'éveil et de la mise en alerte de l'organisme, qui nous aide à résister au stress de la vie de tous les jours. Les situations stressantes à répétition provoquent une production importante de cortisol, ce qui fait croire à l'organisme qu'il est en mode « famine ». Cette production de cortisol entraîne alors une libération d'insuline (l'hormone qui régule la glycémie), ce qui, à chaque situation de stress important, envoie un signal de faim à votre cerveau. Ce dernier étant plus psychologique que physiologique, il est erroné ! Cela explique pourquoi, face à des émotions difficiles à gérer, nous avons tendance à compenser avec la nourriture. On ne va pas se mentir, nos envies se portent rarement vers des aliments sains ! Barres chocolatées, gâteaux, pizzas, sandwichs au fromage, tous ces aliments ne font que pallier temporairement l'émotion négative en produisant une sensation de bien-être. Leur seul point positif : ils permettent d'augmenter le taux de sérotonine (hormone du bien-être). Pour se protéger, notre organisme met mécaniquement en réserve toute l'énergie qu'on lui apporte, ce qui se répercute directement sur une prise de masse grasse, souvent localisée au niveau du ventre chez les femmes. Pas top du tout pour votre silhouette !

Stress, sommeil et prise de poids sont étroitement liés !

Normalement, le taux de cortisol baisse naturellement tout au long de la journée pour être à son taux le plus bas le soir et permettre l'endormissement grâce à l'augmentation en parallèle de la mélatonine (hormone du sommeil). En situation de stress, en revanche, le cortisol tient en alerte l'organisme, qui nous permet de rester concentrés et éveillés afin de faire face à une éventuelle situation rapidement. Résultat : on a du mal à dormir, et ce manque de sommeil affecte le niveau de ghréline et de leptine, deux hormones qui régulent l'appétit et la sensation de satiété après un repas. Donc stress = manque de sommeil = appétit ! Le manque de sommeil affecte donc votre humeur et occasionne de fortes envies d'aliments sucrés, salés et gras. Cela se traduit par des grignotages tout au long de la journée et des repas réconfortants où vous vous jetez sur tout et n'importe quoi pour vous faire penser à autre chose et calmer votre stress. Vous finissez par emmagasiner des quantités de graisse ou de sucres, que votre organisme va stocker. Bonjour les kilos en trop !

Le stress, ça fait gonfler !

Le stress crée des troubles digestifs qui peuvent se transformer en aérophagie... Pas très sexy ! En effet, lorsque le cortisol n'est pas sécrété à un taux normal, il modifie le stockage de l'eau et des fluides de l'organisme. Résultat : rétention d'eau et cellulite à gogo ! Dites adieu au ventre plat et à la peau lisse !

Comment lutter contre le stress ?

Nous ne sommes pas maîtres de notre stress, mais nous pouvons en diminuer les risques et éviter les dégâts. La bonne nouvelle, c'est qu'il existe des moyens pour le contrôler afin de réguler la prise de nourriture et de poids ! La méditation, certaines techniques de respiration, le yoga, le pilates et autres pratiques seront vos alliés ! *Don't worry, be happy... and fit!*

Mon tracker body challenge

Voilà un bon moyen de voir comment vous évoluez durant ce premier mois. À chaque challenge training, food et motivation relevé, coloriez la case correspondante à la couleur de votre choix. Si vous ne relevez qu'à moitié votre challenge, ne coloriez qu'une demi-case, et si votre efficacité du jour était de zéro, ne la coloriez pas du tout. Au fur et à mesure de votre avancée, si vous voyez les cases toutes coloriées, vous en serez fière et cela vous boostera encore plus à rester dans cette dynamique ! *A contrario*, si beaucoup de cases sont laissées blanches, ce sera votre coup de pied aux fesses pour vous rappeler que l'on n'a rien sans rien ! Alors, on s'y met ?

	1	2	3	4	5	6	7	8	9	10	11	12

Objectif atteint !

Objectif presque atteint

Objectif non atteint

13	14	15	16	17	18	19	20	21	22	23	24	25	26	27	28	29	30	31

Semaine 1

MON AGENDA

Le secret pour rester efficace ? L'organisation ! Avant de commencer, définissez pour chaque jour l'heure de vos challenges training. Même si cet horaire varie selon les jours, l'important est de ne pas le zapper ! Côté food, notez vos menus de la semaine et les ingrédients à acheter ; cela vous permettra d'avoir une vision en amont et de pouvoir anticiper et préparer des plats sains. Notez également vos rendez-vous, réunions, dîners entre amis : meilleure sera la visibilité de votre planning de la semaine (même les cheat meals !), mieux vous vous organiserez !

LUNDI

....

....

....

Menus

Courses

- [ ] ....
- [ ] ....
- [ ] ....
- [ ] ....

MARDI

....

....

....

Menus

Courses

- [ ] ....
- [ ] ....
- [ ] ....
- [ ] ....

Menus

Courses

- [ ] ....
- [ ] ....
- [ ] ....
- [ ] ....

....

....

....

MERCREDI

Menus

Courses

- [ ] ....
- [ ] ....
- [ ] ....
- [ ] ....

....

....

....

JEUDI

VENDREDI

Menus

Courses

SAMEDI

Menus

Courses

Menus

Courses

DIMANCHE

NOTES

MON MEAL PREP

Après une longue journée de travail, on a tendance à ouvrir le frigo et à réchauffer la pizza de la veille. C'est là que le meal prep entre en jeu ! Le principe est simple : préparer vos plats le week-end pour ne pas perdre de temps pendant la semaine et continuer de manger healthy !

Ma to-do list pour des meal prep au top

Je fais une liste de repas pour la semaine. Je prévois 2 jours dans la semaine (le dimanche et le jeudi, par exemple) pour préparer mes plats en avance. Cela peut être des plats tout prêts, des légumes frais précoupés.

....	Je prépare pour .... (plat)	☐ .... ☐ .... ☐ ....
....	Je prépare pour .... (plat)	☐ .... ☐ .... ☐ ....

LUNDI

COACHING

Comment bien commencer ma journée ?

Aujourd'hui, c'est le jour J ! Pour vous booster, répétez à haute voix et avec conviction des affirmations positives, comme « Je vais y arriver », « J'atteindrai mes objectifs », « Je vais me surpasser », et visualisez-vous dans ces situations en même temps que vous les prononcez. Répétez-les plusieurs fois avec une intonation de plus en plus forte afin de les ancrer dans votre esprit.

TRAINING

Renfo lower body

- Squats
- Fentes à droite
- Fentes à gauche
- Relevés de buste
- Squats sumo
- Relevés de bassin
- Gainage frontal

FOOD

Je fais le tri dans mes placards et mon frigo !

Du sucre, il y en a partout ! Aujourd'hui, on bannit céréales industrielles, müesli, barres de céréales, gâteaux et confiseries type pâte à tartiner ou biscuits, jus de fruits et sodas, yaourts aromatisés et plats tout prêts ! Soyez sans pitié !

RITUEL FEEL GOOD

Méditation de pleine conscience antigrignotage !

Elle consiste à se libérer des pensées parasites pour être à l'écoute de ses sensations, de ses pensées, de ses émotions. Si l'envie de grignoter se pointe, demandez-vous d'où vient-elle et si elle est liée au stress ou à l'ennui. Prenez 2 min et concentrez-vous sur le fait que vous pouvez vous en passer en attendant votre prochain repas healthy !

MES TRACKERS

Zéro sucre ☐☐☐☐☐☐☐☐ ☺

Repas équilibré ☐☐☐☐☐☐☐☐ ☺

Training fait ☐☐☐☐☐☐☐☐ ☺

Niveau	TEMPS DE TRAVAIL	TEMPS DE RÉCUP	TOURS ET TEMPS DE RÉCUP ENTRE 2 TOURS
Débutant	20 s	15 s	• 2 ou 3 tours • 1 min 30 s
Intermédiaire	30 s	15 s	• 3 ou 4 tours • 1 min 15 s
Avancé	45 s	15 s	• 4 ou 5 tours • 1 min

MON JOURNAL DE TRAINING

Comment j'ai réussi ma séance ? (ressenti musculaire, difficultés…)

....

....

....

....

....

Évaluez votre réussite en coloriant le thermomètre.

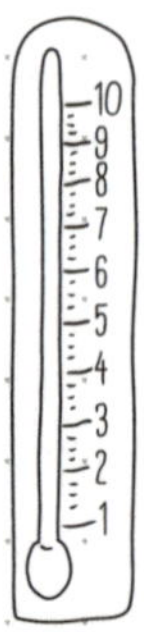

MARDI

FOOD

Je switche le sucre de table

Optez pour du miel (bio et produit en France), du sirop d'agave, faible en calories, du sucre de coco, au goût légèrement caramélisé, ou du sucre rapadura (sucre intégral), issu directement du séchage du jus de canne.

TRAINING

Challenge abdos : army plank

L'objectif est de tenir le plus longtemps possible. Chrono en main... prête ? *Let's go* ! Option possible : si vous avez du mal à tenir, posez les genoux au sol. Notez, en bas de page, votre temps et l'option choisie aujourd'hui (jambes tendues ou sur les genoux).

RITUEL FEEL GOOD

J'apprends à relativiser !

On a tendance à se laisser porter par les émotions négatives créant du stress. Pour aller de l'avant, concentrez-vous sur des pensées positives. Faites le point sur vos atouts et vos qualités. Accordez-vous le droit à l'erreur, ce n'est pas un échec qui va ruiner votre vie ! Dédramatisez et acceptez les choses telles qu'elles sont. Surtout, on se détend ! Mieux dans son body, mieux dans sa tête !

COACHING

Soyez fière !

Soyez fière de votre début de parcours, d'avoir pris la décision de vous y mettre et de vous y tenir, fière de votre 2e jour d'entraînement, même si le premier vous a laissé quelques courbatures, signe d'un travail efficace (hydratez-vous régulièrement durant la journée et, au besoin, massez les zones douloureuses avec de l'huile d'arnica). Continuez, ne lâchez rien !

NOTES

-
-
-
-
-
-
-

MES TRACKERS

Zéro sucre

Repas équilibré

Training fait

MON JOURNAL DE TRAINING

Comment j'ai réussi ma séance ? (ressenti musculaire, difficultés...)

Évaluez votre réussite en coloriant le thermomètre.

10 9 8 7 6 5 4 3 2 1

MERCREDI

RITUEL FEEL GOOD

Respiration pilates : antistress garanti !

Allongez-vous jambes tendues et posez vos mains de chaque côté de vos côtes. Cherchez à aspirer votre nombril. À l'inspiration, seules vos côtes s'ouvrent, le ventre reste gainé. À l'expiration, laissez les côtes s'abaisser et se refermer en aspirant davantage votre nombril. Répétez 10 fois. Le muscle transverse masse ainsi les organes digestifs (foie et intestins) et dissipe le stress !

TRAINING

Pilates zen

- Inclinaisons de la colonne alternées debout : 3 à droite et 3 à gauche
- Rotations de la colonne alternées debout : 3 à droite et 3 à gauche
- Roll up : 4 répétitions

Option si vous n'arrivez pas à remonter jambes tendues : pliez une jambe en plaçant vos mains sous votre cuisse.

FOOD

Salade de pâtes à l'épeautre (4 pers.)

Mélangez 200 g de pâtes à l'épeautre cuites et refroidies avec 3 blancs de poulet coupés en morceaux et dorés dans un peu d'huile d'olive et le jus d'un demi-citron. Ajoutez 6 tomates séchées, ½ concombre et 1 tomate coupés en dés, le jus de 2 citrons, un filet d'huile d'olive et des noisettes écrasées.

COACHING

Je suis fatiguée… Vous êtes pleine de courbatures et fatiguée ? C'est normal, l'organisme doit s'adapter. Ne lâchez rien ! Ne vous couchez pas tard, faites une bonne nuit, hydratez-vous régulièrement et massez les zones douloureuses avec de l'huile d'arnica. Restez motivée ! Ça va payer !

MES TRACKERS

Zéro sucre

Repas équilibré

Training fait

NOTES

-
-
-
-
-
-
-

MON JOURNAL DE TRAINING

Comment j'ai réussi ma séance ? (ressenti musculaire, difficultés…)

Évaluez votre réussite en coloriant le thermomètre.

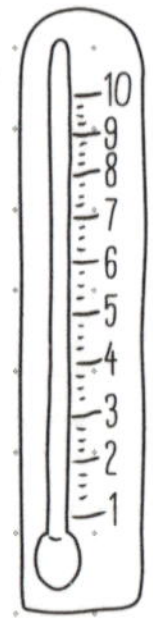

JEUDI

TRAINING

Training renfo upper body et abdos

- Pompes
- Superman
- Gainage costal à droite
- Gainage costal à gauche
- Oiseau
- Criss cross

Option : au besoin, posez les genoux pour les pompes et les gainages costaux.

RITUEL FEEL GOOD

Respiration no stress

Fermez les yeux et inspirez sur 5 s, puis expirez sur 5 s. Durant 3 à 4 min, adoptez cette respiration en enchaînant les cycles respiratoires. Vous pouvez l'utiliser au travail, dans les transports, en voiture, sous la douche, avant de dormir !

COACHING

J'ai un regain d'énergie !

Vous commencez à sentir les effets toniques du programme sur votre body et ça vous surmotive ? Servez-vous de ça pour rester focus durant votre training et faire vos exercices du jour haut la main ! Attention cependant à ne pas vous laisser emporter en voulant en faire plus. Gardez le reste de votre énergie pour une bonne récupération afin de commencer votre fin de semaine en mode guerrière !

FOOD

Stop au jus de fruits du matin !

Vous pensez que le jus de fruits industriel vous apportera vitamines et fibres ? Bullshit ! Bourré de sucre, il n'apporte que des calories et fait monter la glycémie en flèche ! En effet, les jus sont très pauvres en fibres et en nutriments essentiels. Accompagnez plutôt votre petit déjeuner d'une portion de fruits de saison à IG bas…

Niveau	Temps de travail	Temps de récup	Tours et temps de récup entre 2 tours
Débutant	20 s	15 s	2 ou 3 tours 1 min 30 s
Intermédiaire	30 s	15 s	3 ou 4 tours 1 min 15 s
Avancé	45 s	15 s	4 ou 5 tours 1 min

MES TRACKERS

Zéro sucre

Repas équilibré

Training fait

MON JOURNAL DE TRAINING

Comment j'ai réussi ma séance ? (ressenti musculaire, difficultés…)

Évaluez votre réussite en coloriant le thermomètre.

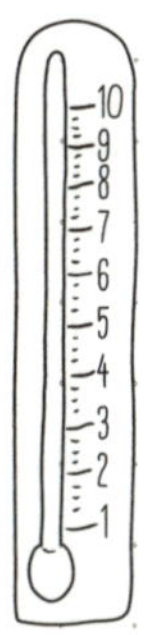

VENDREDI

RITUEL FEEL GOOD

Mieux s'organiser pour moins s'inquiéter !

Pour éviter le stress de dernière minute, préparez vos affaires (sac, vêtements, documents) la veille. Moins vous aurez de choses à penser au réveil, mieux ce sera ! Notez clairement toutes les choses à faire dans votre agenda (RV pro et perso, trainings, courses...). Vous pourrez ensuite les barrer au fur et à mesure : cela donne l'impression d'avancer et de ne rien oublier.

TRAINING

Challenge cardio : seal jack

L'objectif est de tenir le plus longtemps possible. Chrono en main... prête ? Allez ! Notez votre résultat en bas de page. Option : si vous avez des problèmes de genoux, remplacez cet exercice par des squats.

FOOD

Overnight porridge (IG bas)

La veille, versez dans un bol 30 g de flocons d'avoine, 12 cl de lait végétal, 1 c. à s. de graines de chia et 1 c. à c. de sirop d'agave. Mélangez et mettez au frigo toute la nuit. Le lendemain matin, ajoutez un topping (morceaux de fruits, éclats de noisette...) et dégustez !

COACHING

Je sens tout mon corps !

Vous avez conscience que, si courbatures il y a, c'est que résultats il y aura ! C'est un passage obligé, le corps doit s'adapter. Courage, vous allez pouvoir vous reposer ! Si les courbatures sont trop intenses, ralentissez un peu le rythme lors de l'exécution des exercices, mais ne lâchez rien !

MES TRACKERS

Zéro sucre										☺
Repas équilibré										☺
Training fait										☺

NOTES

-
-
-
-
-
-
-

MON JOURNAL DE TRAINING

Comment j'ai réussi ma séance ? (ressenti musculaire, difficultés...)

....

....

....

....

....

Évaluez votre réussite en coloriant le thermomètre.

10 9 8 7 6 5 4 3 2 1

SAMEDI

FOOD

Meal prep : la solution pour éviter de craquer

Bloquez deux plages horaires dans la semaine pour faire vos meal prep. Variez les plaisirs : couscous de quinoa, pois chiches et courgettes, courgettes farcies au tofu, tofu au caramel, riz et poivron cru, taboulé de quinoa, poivron cru, concombre, tomate et oignon…

TRAINING

Yoga récup et antistress

- Chandelle contre le mur : 5 profondes respirations
- Chat : 5 mouvements
- Savasana : 5 profondes respirations

RITUEL FEEL GOOD

Massage antistress du plexus solaire

Le plexus solaire est le centre énergétique des émotions. Il est situé sous la pointe du sternum et entre les côtes basses. Quand on est stressée, on y sent comme un nœud. Déposez 2 gouttes d'huile essentielle de petit-grain bigarade sur votre index et votre majeur, puis massez votre plexus du bout des doigts, lentement, en cercle et durant 3 à 5 min, afin de détendre toute la zone.

COACHING

Je me sens vidée !

C'est la fin de la semaine, le travail et les trainings vous ont vidée, c'est normal ! Réservez-vous une petite plage horaire, faites le vide et rechargez-vous en good vibes ! Vous pouvez en profiter pour reproduire l'exercice de respiration latérale thoracique (voir p. 23), qui aide à se recentrer. Profitez du week-end, pour pouvoir continuer sur votre lancée ensuite !

NOTES

-
-
-
-
-
-
-

MES TRACKERS

Zéro sucre									☺
Repas équilibré									☺
Training fait									☺

MON JOURNAL DE TRAINING

Comment j'ai réussi ma séance ? (ressenti musculaire, difficultés…)

- -

- -

- -

- -

- -

Évaluez votre réussite en coloriant le thermomètre.

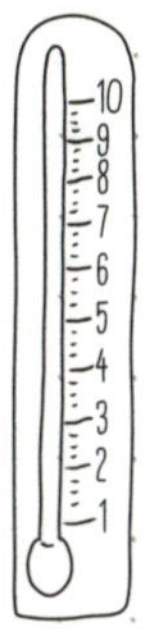

DIMANCHE

RITUEL FEEL GOOD

J'apprends à dire non !

On a tendance à dire oui pour faire plaisir aux autres, ce qui engendre parfois du stress. Savoir dire non gentiment, c'est une façon de se dire oui à soi, de se rapprocher de ses désirs et d'affirmer sa confiance en soi. Commencez par des « petits non » : « Je suis désolée, mais je ne peux vraiment pas t'aider », « Je ne suis pas disponible »… Tenez bon si votre interlocuteur insiste !

TRAINING

Sortie cardio longue

Prévoyez une séance de course, de vélo ou de piscine à un rythme modéré (vous devez pouvoir parler facilement pendant toute la séance). Votre objectif est de tenir 20 min au niveau débutant, 30 min au niveau intermédiaire et 40 min au niveau avancé !

FOOD

Pudding de chia aux fruits de saison (4 *pers.*) Mélangez 75 cl de lait végétal avec 3 c. à s. de sirop d'agave et 120 g de graines de chia. Versez dans des petits bols et laissez gonfler 12 h au minimum. Au moment de déguster (petit déj ou dessert healthy), ajoutez des morceaux de fruits de saison !

COACHING

Bravo !

Bravo, vous l'avez fait. Vous pouvez vous féliciter, car vous avez tenu et n'avez rien lâché même si vous êtes passée par des phases difficiles ! Vous sentez votre corps plus tonique qu'au début, vous reprenez confiance en vous et cela vous donne de la force pour attaquer la semaine 2 ! Impatiente de voir la suite de vos progrès ? Alors on continue !

MES TRACKERS

Zéro sucre

Repas équilibré

Training fait

NOTES

MON JOURNAL DE TRAINING

Comment j'ai réussi ma séance ? (ressenti musculaire, difficultés…)

Évaluez votre réussite en coloriant le thermomètre.

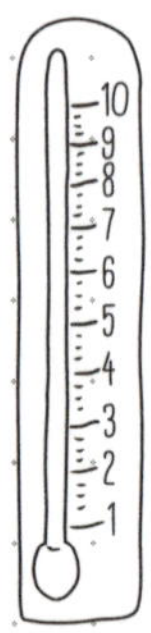

Mon bilan de la semaine !

Mes victoires	Mes petits échecs	Niveau bien-être, comment je me suis sentie ?

Comment je me suis sentie sur les séances ?

Coloriez ce diagramme bâton selon votre ressenti de difficulté par type de séance.

	HAUT DU CORPS	BAS DU CORPS	CHALLENGE RENFO	CHALLENGE CARDIO
Dur, impossible même !				
Dur, mais je me suis dépassée				
Dur, mais ça passe				
J'ai géré				
J'ai réussi facilement				

Comment j'ai réussi mon rééquilibrage alimentaire ? PEUT MIEUX FAIRE ! ☆☆☆☆☆☆☆☆☆☆ AU TOP !

Ce qui m'a aidée à mieux gérer	Ce qui a été compliqué	Ce que je peux faire la semaine prochaine pour progresser

Cette semaine était difficile mais tenable pour vous niveau challenge ? C'est top, continuez ! Si vous avez eu du mal à tenir votre engagement parce que le training était trop intense physiquement, ce n'est pas grave, tentez le niveau inférieur la prochaine semaine pour mieux habituer vos muscles et reprendre en condition physique.
Si c'était plus une question de mental, visualisez-vous dans 1 mois avec une silhouette plus tonique ! #YouCanDoIt !

Semaine 2

Mon agenda

Organisez vos trainings et votre nutrition pour cette semaine. Notez :

- vos séances de training et de stretching
- vos menus
- les invitations (le cheat meal de la semaine)
- vos rendez-vous et vos obligations

LUNDI

Menus

Courses

MARDI

Menus

Courses

MERCREDI

Menus

Courses

JEUDI

Menus

Courses

VENDREDI

....

....

....

Menus

Courses

- [ ] ....
- [ ] ....
- [ ] ....
- [ ] ....

SAMEDI

....

....

....

Menus

Courses

- [ ] ....
- [ ] ....
- [ ] ....
- [ ] ....

Menus

Courses

- [ ] ....
- [ ] ....
- [ ] ....
- [ ] ....

....

....

....

DIMANCHE

....

....

....

....

....

NOTES

MON MEAL PREP

....	Je prépare pour .... (plat)	☐ .... ☐ .... ☐ ....
....	Je prépare pour .... (plat)	☐ .... ☐ .... ☐ ....

LUNDI

RITUEL FEEL GOOD

J'extériorise mes émotions !

L'émotion est une énergie faite pour être libérée ! Afin de ne pas accumuler de mauvais stress, pratiquez cet exercice dès que vous en ressentez le besoin : faites une grimace qui caricature l'émotion que vous souhaitez faire sortir et ajoutez-y un cri ou un souffle. Cela vous défoulera ! Répétez l'exercice plusieurs fois si nécessaire !

TRAINING

Training renfo lower body

- Squats + abductions à droite
- Fentes alternées
- Squats + abductions à gauche
- Criss cross
- Relevés de bassin
- Squats sumo

FOOD

Stop au sucre dans le thé et le café !

Vous avez habitué vos papilles au goût sucré, mais ce n'est pas irréversible ! C'est juste une question d'habitude. Vous avez du mal à ne pas sucrer votre thé ? Optez pour du sirop d'agave. Vous êtes plutôt café ? Prenez du sucre de coco si vous n'aimez pas le goût sucré trop prononcé ; sinon, la stévia saura combler vos envies !

COACHING

Je suis boostée à bloc ! Nouvelle semaine, nouveaux challenges ! Vous avez vu l'effet des trainings sur votre shape et vous sentez votre corps plus raffermi. Vous êtes donc ultra-motivée pour cette nouvelle semaine et vous avez envie de voir encore plus de résultats ! Pour garder votre motivation, choisissez une phrase positive par jour à inscrire dans votre agenda et à relire plusieurs fois : « J'atteins mes objectifs petit à petit », « Je ne lâche rien »...

♡ MES TRACKERS ♡

Zéro sucre	☐☐☐☐☐☐☐☐ ☺
Repas équilibré	☐☐☐☐☐☐☐☐ ☺
Training fait	☐☐☐☐☐☐☐☐ ☺

Niveau	TEMPS DE TRAVAIL	TEMPS DE RÉCUP	TOURS ET TEMPS DE RÉCUP ENTRE 2 TOURS
Débutant	20 s	15 s	• 2 ou 3 tours • 1 min 30 s
Intermédiaire	30 s	15 s	• 3 ou 4 tours • 1 min 15 s
Avancé	45 s	15 s	• 4 ou 5 tours • 1 min

MON JOURNAL DE TRAINING

Comment j'ai réussi ma séance ? (ressenti musculaire, difficultés...)

....

....

....

....

....

Évaluez votre réussite en coloriant le thermomètre.

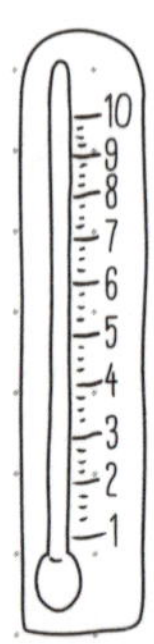

MARDI

FOOD

Pancakes protéinés à l'avoine

Mélangez 200 g de fromage blanc avec 2 œufs, 40 g de flocons d'avoine et de la cannelle (facultatif). Faites cuire vos pancakes et ajoutez fruits de saison, chocolat noir, sirop d'agave…

TRAINING

Challenge renfo : chair + direct alternés

Pour des cuisses et des fesses galbées et des bras toniques ! L'objectif est de tenir le plus longtemps possible. Chrono en main… prête ? *Let's go* ! Notez votre temps ci-dessous.

Conseil du coach : restez bien gainée tout au long de l'exercice !

RITUEL FEEL GOOD

Posture du tailleur

Cette posture maintient l'esprit focalisé et apaise les tensions musculaires et nerveuses. Asseyez-vous en tailleur, pied droit sous la cuisse gauche et pied gauche sous la cuisse droite. Grandissez-vous et relâchez les tensions dans les épaules, les trapèzes et la nuque. Mains sur les genoux, paumes vers le plafond, faites 10 longues respirations. Inspirez par le nez et expirez de même, en cherchant à aspirer votre nombril et à vous grandir davantage.

COACHING

J'ai encore des courbatures !

C'est la 2e semaine et vous avez les mêmes douleurs ? C'est normal, le corps s'adapte ; c'est aussi le signe que le training est efficace ! Ne lâchez rien ! Si les douleurs sont trop pénibles, hydratez-vous bien et massez les zones douloureuses à l'huile d'arnica.

NOTES

-
-
-
-
-
-
-

MES TRACKERS

Zéro sucre										☺
Repas équilibré										☺
Training fait										☺

MON JOURNAL DE TRAINING

Comment j'ai réussi ma séance ? (ressenti musculaire, difficultés…)

- -

- -

- -

- -

- -

Évaluez votre réussite en coloriant le thermomètre.

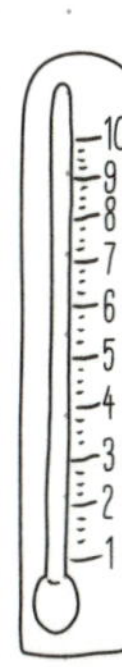

MERCREDI

FOOD

Et si je petit-déjeunais salé ?

Le matin est le moment idéal pour consommer des aliments riches en matières grasses et en protéines (œufs, fromage frais ou blanc, blanc de poulet...). Ce combo de lipides et de protéines vous procurera de l'énergie pour toute la matinée ! Pour un petit déj salé équilibré : 2 tartines de pain complet, 1 œuf au plat, 1 tranche de blanc de poulet + 1 portion de fruits de saison à IG bas + 1 boisson chaude (thé ou café).

RITUEL FEEL GOOD

Yoga antistress

Testez la posture du cobra : allongez-vous sur le ventre, mains posées à côté de la poitrine, coudes vers l'arrière afin d'éloigner les épaules de vos oreilles. Inspirez et, à l'expiration, repoussez le sol jusqu'à tendre les bras et sentir l'étirement de votre sangle abdominale. Gardez les abdos et les fessiers engagés, et tenez durant 5 respirations.

TRAINING

Pilates energy

- One hundred : 100 battements, tête au sol (niveau débutant) ou pieds décollés du sol (niveau avancé)
- Roll up : 5 répétitions
- Inclinaison de la colonne alternées en position assise : 3 à droite et 3 à gauche

COACHING

J'ai la flemme aujourd'hui ! Vous avez beaucoup de travail ? La fatigue et le stress pompent toute votre énergie ? L'erreur à ne pas faire : zapper son training ! C'est LE moment où vous allez pouvoir vous défouler, décharger votre stress. Vous en ressortirez fatiguée, mais vous dormirez mieux le soir. Tenez bon !

MES TRACKERS

Zéro sucre ☐☐☐☐☐☐☐☐ ☺

Repas équilibré ☐☐☐☐☐☐☐☐ ☺

Training fait ☐☐☐☐☐☐☐☐ ☺

NOTES

- ...
- ...
- ...
- ...
- ...
- ...
- ...

MON JOURNAL DE TRAINING

Comment j'ai réussi ma séance ? (ressenti musculaire, difficultés...)

....

....

....

....

....

Évaluez votre réussite en coloriant le thermomètre.

JEUDI

FOOD

Avocado toast please ! (2 pers.)

Mélangez 1 petit avocat écrasé avec 1 oignon rouge émincé, 1 c. à c. de curry et du poivre. Coupez 4 radis roses en rondelles et faites cuire 2 œufs au plat. Tartinez le mélange à l'avocat sur 2 tranches de pain grillées, parsemez de rondelles de radis et ajoutez les œufs par-dessus.

TRAINING

Training renfo upper body et abdos

- Gainage frontal
- Relevés de buste
- Superman
- Oiseau
- Pompes
- Criss cross

Option : si vous sentez que c'est trop dur, posez les genoux pour les pompes et le gainage frontal.

RITUEL FEEL GOOD

Ma méditation assise pour me reconnecter à l'instant présent

Dans un endroit calme avec une température agréable, asseyez-vous confortablement. Ouvrez la poitrine et relâchez les épaules, les trapèzes et la nuque. Fermez les yeux. Focalisez-vous sur votre souffle et ralentissez votre rythme respiratoire. Portez votre attention sur un endroit ou une personne qui vous fait vous sentir bien. Après chaque pensée, ramenez votre esprit à votre respiration. Restez le temps nécessaire pour recharger votre énergie.

COACHING

J'observe mes premiers résultats ! La fin de la 2e semaine est proche, et vous commencez à vous sentir plus à l'aise dans vos vêtements ! Cela vous motive pour ne rien lâcher durant cette fin de semaine. Vos efforts commencent enfin à payer. Soyez fière de vous, félicitez-vous !

Niveau	Temps de travail	Temps de récup	Tours et temps de récup entre 2 tours
Débutant	20 s	15 s	• 2 ou 3 tours • 1 min 30 s
Intermédiaire	30 s	15 s	• 3 ou 4 tours • 1 min 15 s
Avancé	45 s	15 s	• 4 ou 5 tours • 1 min

♡ MES TRACKERS ♡

Zéro sucre										☺
Repas équilibré										☺
Training fait										☺

MON JOURNAL DE TRAINING

Comment j'ai réussi ma séance ? (ressenti musculaire, difficultés…)

....

....

....

....

....

Évaluez votre réussite en coloriant le thermomètre.

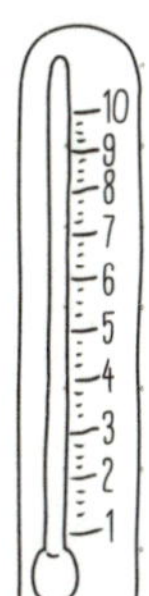

VENDREDI

COACHING

J'ai du mal à tenir mes séances jusqu'au bout !

Si votre corps peine à s'adapter, réduisez le temps de travail de 10 à 15 s et augmentez celui de récup de 10 à 15 s… mais donnez-vous à fond jusqu'au bout ! Laissez-vous 2 à 3 semaines d'adaptation, puis augmentez de 5 s le temps de travail chaque semaine en réduisant d'autant le temps de récup.

RITUEL FEEL GOOD

L'huile essentielle (HE) de lavande pour un effet détente assuré

L'odeur de lavande réduit l'anxiété. Si votre stress monte, massez-vous les tempes, le front et l'arrière de la mâchoire avec quelques gouttes d'HE de lavande. Vous pouvez aussi en déposer 2-3 gouttes sur un mouchoir et l'inhaler ; efficace en quelques secondes !

TRAINING

Challenge cardio : mountain climber

L'objectif est de tenir le plus longtemps possible. Chrono en main… prête ? *Let's go* !

Notez votre temps.

FOOD

Quisotto à la crème de soja et aux champignons (4 pers.)

Versez 3 verres de quinoa dans de l'eau bouillante et laissez cuire 15-20 min à feu doux. Faites caraméliser 2 oignons émincés dans un peu d'huile et ajoutez 400 g de champignons de Paris coupés en lamelles. Complétez avec le quinoa cuit, 20 cl de crème de soja, 3 c. à s. de pecorino, du sel, du poivre et de la noix de muscade. Laissez cuire 3 à 5 min sur feu doux.

MES TRACKERS

Zéro sucre

Repas équilibré

Training fait

NOTES

MON JOURNAL DE TRAINING

Comment j'ai réussi ma séance ? (ressenti musculaire, difficultés…)

Évaluez votre réussite en coloriant le thermomètre.

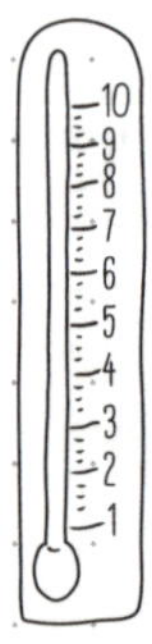

SAMEDI

TRAINING

Yoga antistress

- Arbre : 5 profondes respirations
- Chien tête en bas : 5 profondes respirations
- Savasana : 5 profondes respirations

RITUEL FEEL GOOD

La posture de l'enfant, un appel à la sérénité

Cette posture relâche et étire le bas du dos, une zone où s'accumulent les tensions. Elle calme l'activité cérébrale, soulage du stress et de la fatigue. Pratiquez-la en particulier le soir, au retour du travail. Restez le temps de 5 à 10 respirations dans cette posture.

FOOD

Je remplace le sucre par les épices !

Les épices donnent du goût et sont riches en vitamines, en minéraux et en antioxydants. Essayez la badiane, la noix de muscade, la vanille et le quatre-épices avec vos gâteaux, ou le fromage blanc et le yaourt avec de la cannelle. Si vous avez encore du mal à éliminer le sucre, testez des recettes avec des fruits : crumble vanille-fruits rouges, gâteau pomme-cannelle, fromage blanc banane-cannelle…

COACHING

J'évolue ! Même si ce n'est pas toujours facile, vous sentez que vous êtes plus à l'aise sur certains exercices. Vous êtes moins essoufflée et plus résistante à la douleur et à l'effort. Bravo, la régularité de vos entraînements porte ses fruits ! Notez cette évolution dans la partie carnet de ces pages, une source de motivation pour continuer le chemin entamé il y a bientôt 2 semaines !

NOTES

- ______________________
- ______________________
- ______________________
- ______________________
- ______________________
- ______________________
- ______________________

MES TRACKERS

Zéro sucre									
Repas équilibré									
Training fait									

MON JOURNAL DE TRAINING

Comment j'ai réussi ma séance ? (ressenti musculaire, difficultés…)

....

....

....

....

....

Évaluez votre réussite en coloriant le thermomètre.

10 9 8 7 6 5 4 3 2 1

DIMANCHE

COACHING

Dur dur de se motiver un dimanche !

C'est dimanche et vous avez du mal à vous motiver ? Ne lâchez rien, vous êtes si bien partie ! Vous allez entamer votre 3e semaine et vous allez les atteindre, ces objectifs ! Respirez quelques secondes de l'HE de poivre noir au flacon pour un regain d'énergie, de tonus et de concentration. Vous allez y arriver !

TRAINING

Sortie cardio longue

C'est reparti pour une séquence course, vélo ou piscine à un rythme modéré. Cette fois, 22 min au niveau débutant, 35 min au niveau intermédiaire et 45 min pour les confirmées !

FOOD

Tranches d'orange à la cannelle (4 pers.)

Coupez en fines tranches 4 oranges pelées à vif. Disposez-les dans une assiette creuse. Pressez 1 autre orange, ajoutez 2 c. à s. d'eau de fleur d'oranger et versez sur les tranches d'orange. Laissez macérer, puis parsemez de cannelle et d'amandes effilées dorées.

RITUEL FEEL GOOD

Ma morning routine zen

Créez-vous un cocon pour méditer chaque matin. Installez-vous dans une position confortable et concentrez-vous sur votre respiration. Inspirez profondément avec le nez, expirez par la bouche. Laissez les ondes négatives s'en aller à l'expiration et ressentez le bien-être au moment présent. Votre méditation peut durer 3, 5 ou 10 min.

MES TRACKERS

Zéro sucre								
Repas équilibré								
Training fait								

NOTES

-
-
-
-
-
-
-

MON JOURNAL DE TRAINING

Comment j'ai réussi ma séance ? (ressenti musculaire, difficultés…)

....
....
....
....
....

Évaluez votre réussite en coloriant le thermomètre.

10 9 8 7 6 5 4 3 2 1

Mon bilan de la semaine 2

Mes victoires	Mes petits échecs	Niveau bien-être, comment je me suis sentie ?
....	....	....
....	....	....
....	....	....
....	....	....
....	....	....
....	....	....
....	....	....

Comment je me suis sentie sur les séances ?

Coloriez ce diagramme bâton selon votre ressenti de difficulté par type de séance.

	HAUT DU CORPS	BAS DU CORPS	CHALLENGE RENFO	CHALLENGE CARDIO
Dur, impossible même !				
Dur, mais je me suis dépassée				
Dur, mais ça passe				
J'ai géré				
J'ai réussi facilement				

Comment j'ai réussi mon rééquilibrage alimentaire ?

PEUT MIEUX FAIRE ! ☆ ☆ ☆ ☆ ☆ ☆ ☆ ☆ ☆ ☆ AU TOP !

Ce qui m'a aidée à mieux gérer	Ce qui a été compliqué	Ce que je peux faire la semaine prochaine pour progresser
....	....	....
....	....	....
....	....	....
....	....	....
....	....	....

Et voilà, déjà la moitié de votre 1er mois de programme ! Lancer la machine est toujours difficile, mais vous l'avez fait ! Tenir mentalement durant 2 semaines n'a pas toujours été facile, mais vous l'avez fait aussi et vous pouvez en observer les premiers résultats. Les douleurs des courbatures ? Défi relevé là aussi : elles ne vous ont pas arrêtée ! Peut-être avez-vous peiné parfois sur le gainage ou les pompes à cause d'un manque de force dans les bras ou les épaules. N'hésitez pas à poser les genoux au sol pour ces exercices et à vous limiter à une demi-flexion sur les pompes le temps de gagner en force. En tout cas, soyez fière de ce début de parcours, cela doit vous donner de la force pour affronter la suite du programme. #KeepGoing !

Semaine 3

Mon agenda

Organisez vos trainings et votre nutrition pour cette semaine. Notez :

- vos séances de training et de stretching
- vos menus
- les invitations (le cheat meal de la semaine)
- vos rendez-vous et vos obligations

LUNDI

....

....

....

Menus

Courses

- [ ] ....
- [ ] ....
- [ ] ....
- [ ] ....

MARDI

....

....

....

Menus

Courses

- [ ] ....
- [ ] ....
- [ ] ....
- [ ] ....

MERCREDI

Menus

Courses

- [ ] ....
- [ ] ....
- [ ] ....
- [ ] ....

....

....

....

JEUDI

Menus

Courses

- [ ] ....
- [ ] ....
- [ ] ....
- [ ] ....

....

....

....

VENDREDI

Menus

Courses

SAMEDI

Menus

Courses

DIMANCHE

Menus

Courses

NOTES

Mon meal prep

Je prépare pour

(plat)

Je prépare pour

(plat)

LUNDI

COACHING

Nouvelle semaine, regain de motivation !

Vous démarrez votre 3e semaine du programme et vous vous rapprochez de vos objectifs ! Les courbatures deviennent de plus en plus timides car votre corps et vos muscles s'habituent à l'effort. Cela ne veut pas dire que vos trainings seront moins efficaces, vous serez juste plus à l'aise lors de vos séances et y prendrez plus de plaisir. Bonne nouvelle, non ? À vos leggings !

TRAINING

Training renfo lower body

- Gainage costal à droite
- Relevés de bassin
- Gainage costal à gauche
- Squats sumo
- Fentes à droite
- Fentes à gauche

FOOD

Les graines de fenouil, anti-sucre

Les graines de fenouil, au goût naturellement sucré, permettent de calmer les pulsions sucrées tout en gardant la forme et la ligne ! Si vous avez une envie de sucre, mâchez quelques graines et gardez-les en bouche 10-15 s. Alternatives : le chai à la menthe, le gingembre ou la cannelle.

RITUEL FEEL GOOD

L'huile essentielle d'ylang-ylang

Relaxante, elle calme l'hypertension liée au stress. Si vous êtes tendue, massez votre plexus solaire, votre colonne vertébrale, en insistant sur la nuque, les cervicales et les lombaires, et la plante de vos pieds avec 2 gouttes d'HE d'ylang-ylang mélangées à une noisette d'huile d'amande douce. Vous pouvez aussi l'utiliser en diffusion atmosphérique, sur un mouchoir ou dans un bain chaud.

MES TRACKERS

Zéro sucre ☐☐☐☐☐☐☐☐☐ ☺

Repas équilibré ☐☐☐☐☐☐☐☐☐ ☺

Training fait ☐☐☐☐☐☐☐☐☐ ☺

Niveau	TEMPS DE TRAVAIL	TEMPS DE RÉCUP	TOURS ET TEMPS DE RÉCUP ENTRE 2 TOURS
Débutant	20 s	15 s	• 2 ou 3 tours • 1 min 30 s
Intermédiaire	30 s	15 s	• 3 ou 4 tours • 1 min 15 s
Avancé	45 s	15 s	• 4 ou 5 tours • 1 min

MON JOURNAL DE TRAINING

Comment j'ai réussi ma séance ? (ressenti musculaire, difficultés…)

- - - - - - - - - - - - - - - - - - - -

- - - - - - - - - - - - - - - - - - - -

- - - - - - - - - - - - - - - - - - - -

- - - - - - - - - - - - - - - - - - - -

- - - - - - - - - - - - - - - - - - - -

Évaluez votre réussite en coloriant le thermomètre.

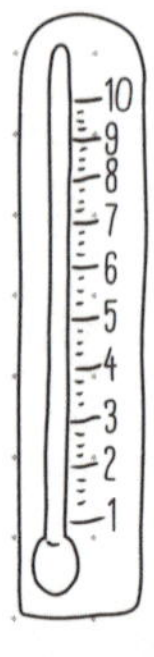

MARDI

TRAINING

Challenge renfo : shoulder press

Pour des épaules sexy ! L'objectif est de tenir le plus longtemps possible. Conseil du coach : restez bien gainée tout le long de l'exercice ! Option : posez les genoux au sol si nécessaire. Notez votre temps.

RITUEL FEEL GOOD

Posture de la cigogne

Idéale en cas de stress, d'insomnie ou de mal de tête ! Debout, pieds à la largeur du bassin, inspirez par le nez. À l'expiration (par la bouche), levez les bras et pliez le corps vers l'avant. Restez le temps de 5 longues respirations. Relâchez la tête, les épaules, la nuque et la mâchoire. Pour revenir, pliez les genoux et déroulez la colonne vertèbre après vertèbre.

FOOD

Paella au riz complet, poulet et légumes du soleil (4 pers.)

Faites sauter 1 gousse d'ail et 2 oignons émincés dans un peu d'huile. Ajoutez 1 feuille de laurier, 2 poivrons en dés, 20 cl de bouillon, du sel, du poivre et 1 c. à c. de curcuma. Laissez cuire jusqu'à ce que les légumes soient *al dente*. Ajoutez 3 blancs de poulet en dés, 2 poignées de petits pois et 500 g de riz complet cuits.

COACHING

Je récupère mieux !

Votre corps et vos muscles ont gagné en endurance et en force. Votre organisme récupère mieux, vous avez moins de courbatures ! Si vous le voulez, vous pouvez augmenter le temps de travail de 10 à 15 s en gardant le même temps de récupération.

NOTES

-
-
-
-
-
-
-

MES TRACKERS

Zéro sucre									
Repas équilibré									
Training fait									

MON JOURNAL DE TRAINING

Comment j'ai réussi ma séance ? (ressenti musculaire, difficultés…)

....

....

....

....

....

Évaluez votre réussite en coloriant le thermomètre.

10 9 8 7 6 5 4 3 2 1

MERCREDI

RITUEL FEEL GOOD

Massage antistress de la voûte plantaire

La réflexologie plantaire est une technique relaxante basée sur la stimulation des organes via des zones réflexes du pied. Debout, faites rouler lentement une balle de tennis sous la voûte plantaire du pied droit. Insistez sur les zones les plus tendues, sensibles ou douloureuses. Faites de même pour l'autre pied.

COACHING

La fatigue se fait vraiment sentir

C'est le milieu de la semaine et vous ressentez de la fatigue… Si vous êtes vraiment épuisée, oubliez la séance et couchez-vous tôt pour récupérer ; vous rattraperez demain. Si, malgré la fatigue, vous vous sentez d'attaque, réduisez le temps de travail de 10 s et augmentez le temps de récup de 10 s (exceptionnellement). #StayStrong !

TRAINING

Pilates zen

- Flexions de la colonne debout : 5 répétitions
- Inclinaisons alternées de la colonne debout : 3 à droite et 3 à gauche
- Roll up : 5 répétitions

Option : si vous n'arrivez pas à remonter jambes tendues, pliez une jambe en plaçant vos mains sous votre cuisse ou placez une serviette pliée sous votre dos.

FOOD

Taboulé oriental au quinoa (4 pers.)

Coupez en dés ½ concombre et 2 tomates pelées et épépinées. Ajoutez 1 boîte de pois chiches, 250 g de quinoa cuit, le jus d'un citron frais, une poignée de coriandre et de ciboulette ciselées, de la coriandre, du sel et 1,5 c. à s. d'huile d'olive. Mettez au frais 2 h au minimum.

MES TRACKERS

Zéro sucre ☐☐☐☐☐☐☐☐ ☺

Repas équilibré ☐☐☐☐☐☐☐☐ ☺

Training fait ☐☐☐☐☐☐☐☐ ☺

NOTES

- ____________________
- ____________________
- ____________________
- ____________________
- ____________________
- ____________________
- ____________________

MON JOURNAL DE TRAINING

Comment j'ai réussi ma séance ? (ressenti musculaire, difficultés…)

....

....

....

....

....

Évaluez votre réussite en coloriant le thermomètre.

10 9 8 7 6 5 4 3 2 1

JEUDI

FOOD

Mon top 3 des goûters healthy

- 100 g de fromage blanc avec un filet de sirop d'agave (facultatif) et 1 portion de fruits à IG bas (250 g de fruits rouges, ou 2 abricots, ou 2 clémentines…).
- Pudding de chia avec 1 portion de fruits à IG bas.
- Une petite poignée de noisettes avec 1 carré de chocolat noir à 70 % de cacao.

TRAINING

Training renfo upper body et abdos

- Relevés de buste
- Oiseau
- Gainage frontal
- Criss cross
- Pompes
- Superman

Option : si nécessaire, posez les genoux pour les pompes et le gainage frontal.

RITUEL FEEL GOOD

Yoga du visage antistress

Debout, relâchez tous les muscles du visage, puis tournez doucement la tête de chaque côté sur l'expiration (4 fois). Pour les pommettes, ouvrez la bouche et plaquez vos lèvres contre vos dents ; inspirez et essayez de sourire tout en expirant. Pour les joues, pressez vos tempes avec vos index et tirez vers l'arrière et vers le haut ; projetez la mâchoire vers l'avant ; inspirez et essayez de sourire tout en expirant. Répétez 2 fois toute la série.

COACHING

Je trouve des alternatives à ma flemme Vous avez envie de sauter votre séance du jour… Si grosse fatigue, switchez avec une séance de pilates ou de yoga, plus douce. Si c'est juste une grosse flemme, mettez vos baskets et donnez un coup de pied à votre booty, car le secret pour atteindre vos objectifs, c'est la régularité !

Niveau	TEMPS DE TRAVAIL	TEMPS DE RÉCUP	TOURS ET TEMPS DE RÉCUP ENTRE 2 TOURS
Débutant	20 s	15 s	• 2 ou 3 tours • 1 min 30 s
Intermédiaire	30 s	15 s	• 3 ou 4 tours • 1 min 15 s
Avancé	45 s	15 s	• 4 ou 5 tours • 1 min

♡ MES TRACKERS ♡

Zéro sucre ☐☐☐☐☐☐☐☐ ☺

Repas équilibré ☐☐☐☐☐☐☐☐ ☺

Training fait ☐☐☐☐☐☐☐☐ ☺

MON JOURNAL DE TRAINING

Comment j'ai réussi ma séance ? (ressenti musculaire, difficultés…)

....

....

....

....

....

Évaluez votre réussite en coloriant le thermomètre.

10 9 8 7 6 5 4 3 2 1

VENDREDI

COACHING

Je me récompense !

Waouh ! Malgré des hauts et des bas, vous n'avez rien lâché jusqu'ici, bravo ! Vous avez tout de même bien le droit à une récompense, non ? Faites-vous plaisir, c'est bientôt le week-end ! Bookez-vous un massage, offrez-vous un petit cadeau ou allez au resto avec une copine ou votre chéri ! Bref, profitez de ce moment et gardez en tête ces résultats pour vous donner de la motivation et ne rien lâcher !

TRAINING

Challenge cardio : jumps droite et gauche alternés

L'objectif est de tenir le plus longtemps possible. Chrono en main… prête ? *Let's go* ! Option : si vous avez des problèmes de genoux, remplacez cet exercice par des squats sumo. Notez votre temps.

FOOD

Energy balls dattes, noisettes et noix de coco

Faites tremper 85 g de noisettes pendant 30 min et mixez-les avec 8 grosses dattes et 20 g de copeaux de noix de coco. Avec la pâte obtenue, formez des boules et roulez-les dans des graines de sésame. Laissez 1 à 2 h au frigo.

RITUEL FEEL GOOD

Je prends du temps pour moi

Soyez égoïste le temps d'une journée ! Prenez le temps de ne rien faire et redécouvrez les petits plaisirs de la vie en pleine conscience : se balader, regarder le monde et les gens qui nous entourent… Profitez de ce temps pour faire le point sur ce que vous vivez, vos émotions, vos difficultés et vos envies profondes de changement !

MES TRACKERS

Zéro sucre									☺
Repas équilibré									☺
Training fait									☺

NOTES

-
-
-
-
-
-
-

MON JOURNAL DE TRAINING

Comment j'ai réussi ma séance ? (ressenti musculaire, difficultés…)

Évaluez votre réussite en coloriant le thermomètre.

10 9 8 7 6 5 4 3 2 1

SAMEDI

FOOD

Compote pomme-cannelle

Faites mijoter à feux doux 500 g de pommes pelées et coupées en dés avec 1 c. à s. d'eau, un bâton de cannelle et le jus d'un demi-citron pendant 45 min. En fin de cuisson, ajoutez 2 c. à s. d'eau (plus si la texture est compacte). Enlevez le bâton de cannelle et passez les pommes au mixeur si vous souhaitez une compote lisse.

TRAINING

Yoga récup et antistress

- Chien tête en bas : 5 profondes respirations
- Chat : 5 répétitions
- Chandelle contre le mur : 5 profondes respirations

RITUEL FEEL GOOD

Mes routines relaxation & minceur Adoptez des routines antistress : elles vous apaiseront et vous aideront à abaisser votre taux de cortisol. Ça peut être un rituel yoga et une respiration de 10 min dès le réveil, un rituel méditation de 5 min juste après le déjeuner ou 5 min de réflexologie plantaire en fin de journée pour vous détendre ! Vous pouvez terminer la journée par une routine stretch et relaxation de 5 min juste avant de dormir, pour faire le vide et faciliter l'endormissement.

COACHING

Je suis fière !

C'est la fin de la 3e semaine et vous voyez nettement les effets du programme sur votre body ? Pour vous motiver encore plus, faites une liste des parties de votre corps que vous aimez le plus : effet feel good et booster d'ego garanti ! Dites-vous que vous serez encore plus au top à la fin de cette semaine !

NOTES

- ______________________
- ______________________
- ______________________
- ______________________
- ______________________
- ______________________
- ______________________

MES TRACKERS

Zéro sucre ☐☐☐☐☐☐☐☐ ☺

Repas équilibré ☐☐☐☐☐☐☐☐ ☺

Training fait ☐☐☐☐☐☐☐☐ ☺

MON JOURNAL DE TRAINING

Comment j'ai réussi ma séance ? (ressenti musculaire, difficultés…)

- -

- -

- -

- -

- -

Évaluez votre réussite en coloriant le thermomètre.

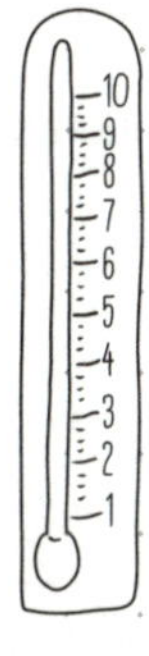

DIMANCHE

FOOD

Je limite l'alcool, mauvais pour la ligne !

L'alcool est bourré de calories, qui sont stockées sous forme de graisse. L'idéal est de n'en consommer que de manière occasionnelle ! Privilégiez les alcools peu caloriques : un verre de vin blanc (69 cal), de rosé (89 cal), de rouge (95 cal) ou de champagne (101 cal). La tequila, le rhum et la vodka sont à consommer avec modération, nature ou avec une boisson peu sucrée.

RITUEL FEEL GOOD

La respiration pranayama antistress

Cette respiration issue du yoga consiste à allonger son souffle pour se sentir plus sereine. Asseyez-vous et inspirez en remplissant les poumons de haut en bas. Bloquez l'air quelques secondes, puis expirez en vidant l'air du haut des poumons jusqu'au bas du ventre. Bloquez de nouveau la respiration. Recommencez, ainsi jusqu'à en ressentir les bienfaits.

TRAINING

Sortie cardio longue

On repart pour une course, du vélo ou de la piscine à un rythme modéré, mais plus longtemps ! Si vous êtes une challengeuse en devenir, votre objectif est de tenir 25 min ; pour celles du niveau intermédiaire, 40 min, et pour les confirmées, 50 min !

COACHING

Je me félicite

Bravo, déjà 3 semaines que vous affrontez tous ces challenges ! Ne vous arrêtez pas en si bon chemin. Notez sur votre petit carnet ce dont vous êtes fière, vos réussites, vos progrès. En cas de petit coup de mou, relisez-les. Et surtout, félicitez-vous !

MES TRACKERS

Zéro sucre

Repas équilibré

Training fait

NOTES

•

•

•

•

•

•

•

MON JOURNAL DE TRAINING

Comment j'ai réussi ma séance ? (ressenti musculaire, difficultés…)

Évaluez votre réussite en coloriant le thermomètre.

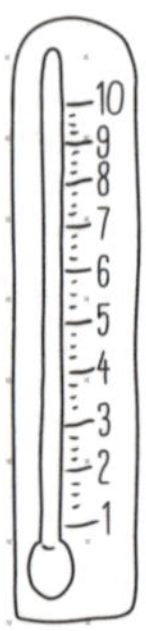

Mon bilan de la semaine 3

Mes victoires

....
....
....
....
....
....
....

Mes petits échecs

....
....
....
....
....
....
....

Niveau bien-être, comment je me suis sentie ?

....
....
....
....
....
....
....

Comment je me suis sentie sur les séances ?

Coloriez ce diagramme bâton selon votre ressenti de difficulté par type de séance.

	HAUT DU CORPS	BAS DU CORPS	CHALLENGE RENFO	CHALLENGE CARDIO
Dur, impossible même !				
Dur, mais je me suis dépassée				
Dur, mais ça passe				
J'ai géré				
J'ai réussi facilement				

Comment j'ai réussi mon rééquilibrage alimentaire ? PEUT MIEUX FAIRE ! ☆ ☆ ☆ ☆ ☆ ☆ ☆ ☆ ☆ ☆ AU TOP !

Ce qui m'a aidée à mieux gérer

....
....
....
....
....

Ce qui a été compliqué

....
....
....
....
....

Ce que je peux faire la semaine prochaine pour progresser

....
....
....
....
....

Cette semaine n'était pas des plus faciles, avec quelques coups de mou et une perte de motivation parfois. La fatigue était peut-être plus présente que lors des deux précédentes semaines, mais les alternatives ont dû vous aider à vous reprendre et à ne pas lâcher. Bravo à vous ! Gardez toujours en tête que, si cela vous arrive encore, vous ne vous laisserez pas submerger par vos états d'âme. Un body ne se sculpte pas en restant sur un canapé ou en craquant pour un gâteau ! Plus qu'une semaine avant de finir le mois ! #KeepYourMindStrong

Semaine 4

Mon agenda

Organisez vos trainings et votre nutrition pour cette semaine. Notez :

- vos séances de training et de stretching
- vos menus
- les invitations (votre cheat meal de la semaine)
- vos rendez-vous et vos obligations

LUNDI

....

....

....

Menus

Courses

- [ ] ....
- [ ] ....
- [ ] ....
- [ ] ....

MARDI

....

....

....

Menus

Courses

- [ ] ....
- [ ] ....
- [ ] ....
- [ ] ....

MERCREDI

Menus

Courses

- [ ] ....
- [ ] ....
- [ ] ....
- [ ] ....

....

....

....

JEUDI

Menus

Courses

- [ ] ....
- [ ] ....
- [ ] ....
- [ ] ....

....

....

....

VENDREDI

Menus

Courses

SAMEDI

Menus

Courses

Menus

Courses

DIMANCHE

NOTES

MON MEAL PREP

	Je prépare pour ……… (plat)	
	Je prépare pour ……… (plat)	

LUNDI

TRAINING

Training renfo lower body

- Squats + abductions à droite
- Fentes à droite
- Squats + abductions à gauche
- Fentes à gauche
- Relevés de buste
- Relevés de bassin
- Gainage frontal

Option : posez les genoux au sol pour le gainage frontal si nécessaire.

RITUEL FEEL GOOD

Mieux dormir pour garder la ligne

Quand vous manquez de sommeil, votre appétit augmente ! Pour privilégier un sommeil réparateur, mangez au plus tard 2 h avant de vous coucher, évitez l'alcool et faites quelques respirations pranayama ; lisez un peu, et allez au lit avant minuit !

FOOD

Le soir, j'évite certains glucides !

En fin de journée, la dépense calorique diminue, vous devez donc éviter les glucides riches en sucres raffinés. Si vous vous êtes entraînée le soir, vous pouvez intégrer dans votre repas des glucides à IG bas : ils ne seront pas stockés, mais mis en réserve dans les muscles afin d'être directement utilisables. Si vous pouvez vous en passer, mangez léger et privilégiez les légumes !

COACHING

Je me donne à fond ! C'est la dernière semaine du 1er mois, et cela vous remplit de joie et d'excitation ! Vous avez hâte de passer au 2e mois et d'affronter de nouveaux challenges ! Vos fesses, vos cuisses, vos bras sont plus toniques qu'au début de ce programme, et vous êtes plus motivée que jamais pour vous donner à fond. Aujourd'hui, vous en avez la preuve : les séances régulières payent !

MES TRACKERS

Zéro sucre

Repas équilibré

Training fait

Niveau	TEMPS DE TRAVAIL	TEMPS DE RÉCUP	TOURS ET TEMPS DE RÉCUP ENTRE 2 TOURS
Débutant	20 s	15 s	• 2 ou 3 tours • 1 min 30 s
Intermédiaire	30 s	15 s	• 3 ou 4 tours • 1 min 15 s
Avancé	45 s	15 s	• 4 ou 5 tours • 1 min

MON JOURNAL DE TRAINING

Comment j'ai réussi ma séance ? (ressenti musculaire, difficultés…)

Évaluez votre réussite en coloriant le thermomètre.

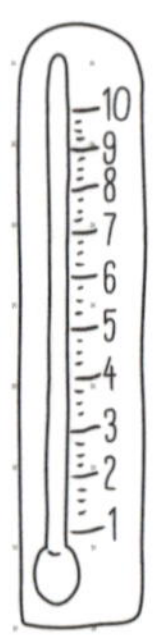

MARDI

FOOD

Yellow tofu et poêlée de courgettes (4 pers.)

Faites sauter 4 courgettes en rondelles avec 400 g de tofu en dés, un peu d'huile, du sel, du poivre et 1 c. à c. de curcuma jusqu'à ce qu'elles soient *al dente* (10 min). Accompagnez de 2 yaourts au soja nature fouettés avec le jus d'un demi-citron, du sel, du poivre et 2 c. à s. de menthe ciselée.

TRAINING

Challenge renfo : down and up pour un body tonique !

L'objectif est de tenir le plus longtemps possible. Chrono en main… prête ? *Let's go* ! Conseil du coach : restez bien gainée tout au long de l'exercice ! Option : si vous avez des problèmes de genoux, ne sautez pas à la fin de l'exercice, mais ramenez les jambes l'une après l'autre. Notez votre temps.

RITUEL FEEL GOOD

Ma routine antistress pour mieux dormir

Diffusez de l'HE de lavande dans la chambre 30 min avant le coucher. Allongez-vous sur le dos, bras écartés, paume des mains vers le plafond, jambes relâchées et pieds vers l'extérieur. Ressentez votre corps devenir lourd et prenez conscience de chaque membre, des pieds à la tête. Concentrez-vous sur votre respiration, lente et profonde. Restez 10 min ainsi, en profitant de l'odeur de lavande.

COACHING

Dur de se motiver seule ! Pour la motivation, c'est toujours bien de s'entraîner avec un partenaire, qui vous tirera vers le haut en cas de coup de mou ! Vous pouvez aussi appeler votre BFF, qui saura vous rebooster !

NOTES

- ____________________
- ____________________
- ____________________
- ____________________
- ____________________
- ____________________
- ____________________

MES TRACKERS

Zéro sucre									☺
Repas équilibré									☺
Training fait									☺

MON JOURNAL DE TRAINING

Comment j'ai réussi ma séance ? (ressenti musculaire, difficultés…)

....

....

....

....

....

Évaluez votre réussite en coloriant le thermomètre.

10 9 8 7 6 5 4 3 2 1

MERCREDI

TRAINING

Pilates energy

- Flexion de la colonne en position assise : 5 répétitions
- One hundred : tête au sol pour les challengeuses en devenir ; pieds décollés du sol pour les plus aguerries !
- Roll up jambes tendues : 5 répétitions

Option : si vous n'arrivez pas à remonter jambes tendues, pliez une jambe en plaçant vos mains sous votre cuisse ou placez une serviette pliée sous votre dos.

RITUEL FEEL GOOD

Testez l'ecstatic dance !

Venue d'Hawaii, cette danse prône un lâcher-prise total du corps, comme une transe sur les vibrations de la musique. Chacun de vos mouvements exprime ce que votre corps et votre esprit ont besoin d'extérioriser. Si vous êtes timide, faites-le avec une copine et lâchez-vous !

FOOD

J'adore les pommes de terre…

Les pommes de terre sont riches en fibres, en vitamines et en minéraux, mais attention à leur mode de cuisson : consommez-les à la vapeur (IG de 70) plutôt qu'en purée (80) ou au four (95). Pour faire baisser l'IG après cuisson, laissez-les refroidir un peu et consommez-les avec un filet d'huile d'olive. Sinon, la patate douce a un l'IG de base moins élevé (50)…

COACHING

Bad mood ! Depuis ce matin, l'envie de zapper le training tournicote dans votre tête ! Filez chercher 2-3 photos sur les réseaux de quelques fit-girls à qui vous aimeriez ressembler, et projetez-vous une fois vos objectifs atteints… Ça donne envie, hein ? Allez, filez vous construire ce body dont vous rêvez tant !

MES TRACKERS

Zéro sucre

Repas équilibré

Training fait

NOTES

MON JOURNAL DE TRAINING

Comment j'ai réussi ma séance ? (ressenti musculaire, difficultés…)

Évaluez votre réussite en coloriant le thermomètre.

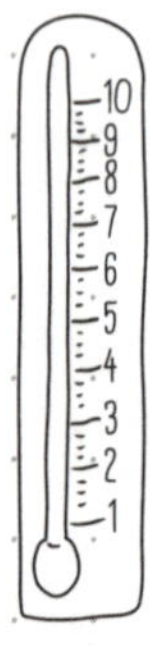

JEUDI

FOOD

Yaourt-shake aux fruits rouges (1 pers.)

Un petit creux avant votre training ? Dans un blender, mixez 100-150 g de fruits rouges avec les graines d'un quart de gousse de vanille, 5 cl de lait végétal, 1 c. à c. de sirop d'agave et 1 pot de yaourt au soja. Mixez le tout.

TRAINING

Training renfo upper body et abdos

- Oiseau
- Gainage costal à droite
- Superman
- Gainage costal à gauche
- Criss cross
- Pompes

Option : si nécessaire, posez les genoux pour les pompes et les gainages costaux.

COACHING

Aïe, j'ai lâché avant la fin de ma séance !

C'est en général à la fin d'une séance, lorsque les sensations deviennent trop intenses, que la fatigue s'accumule et que le mental doit prendre le dessus, qu'on finit par lâcher. Ce n'est pas grave pour cette fois, mais rappelez-vous que c'est dans l'inconfort que l'efficacité d'un training opère. Si vous voulez des résultats, il faut tenir tête à cette zone rouge ! Activez le #WarriorMode !

RITUEL FEEL GOOD

Morning routine antistress S'octroyer une parenthèse bien-être peut changer sa façon d'aborder la journée. Mettez votre réveil 15-20 min plus tôt : vous disposerez d'un créneau pour passer du temps avec votre moitié, déguster un bon café ou écouter un disque au chaud sous la couette ! Ces quelques minutes en plus vous permettront un réveil et un démarrage en douceur.

Niveau	Temps de travail	Temps de récup	Tours et temps de récup entre 2 tours
Débutant	20 s	15 s	2 ou 3 tours 1 min 30 s
Intermédiaire	30 s	15 s	3 ou 4 tours 1 min 15 s
Avancé	45 s	15 s	4 ou 5 tours 1 min

MES TRACKERS

Zéro sucre

Repas équilibré

Training fait

MON JOURNAL DE TRAINING

Comment j'ai réussi ma séance ? (ressenti musculaire, difficultés…)

Évaluez votre réussite en coloriant le thermomètre.

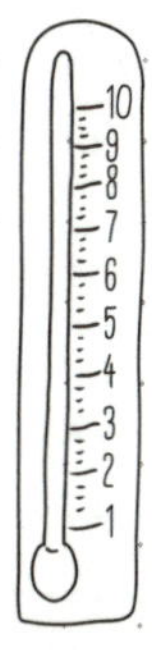

VENDREDI

TRAINING

Challenge cardio : Speed feet, pour des mollets affinés !

L'objectif est de tenir le plus longtemps possible. Chrono en main… prête ? *Let's go !*

Option : si vous avez des problèmes de genoux, remplacez cet exercice par des montées de genou vers la poitrine en position debout, sans sauter. Conseil du coach : restez gainée tout au long de l'exercice. Notez votre temps.

RITUEL FEEL GOOD

La bibliothérapie, vous connaissez ?

Lisez 10-15 min avant de dormir pour vous relaxer ! Cela apaise les yeux, habitués aux écrans, et active les mêmes zones du cerveau que la méditation, pour calmer vos pensées, vous recentrer et réguler votre rythme cardiaque.

FOOD

Mes astuces antifringale

Misez sur un petit déj riche en fibres et en protéines, sur le plein de légumes et de céréales au déjeuner, et sur une petite portion de céréales et de légumes ou de légumineuses au dîner. Toujours la fringale ? Optez pour une poignée d'oléagineux, une pomme, une cure de chrome en ampoules pour réguler la glycémie, une infusion de safran ou du psyllium (un redoutable coupe-faim).

COACHING

Reboostée à bloc ! Vous voyez enfin le bout de ce premier mois… et des résultats plus que satisfaisants. Cela ne peut que vous booster pour le prochain mois, surtout si vous avez hâte de découvrir les prochains challenges ! Pour autant, on ne relâche pas ses efforts ce week-end !

MES TRACKERS

Zéro sucre	☑	☐	☐	☐	☐	☐	☐	☐	☐	☐	☺
Repas équilibré	☐	☐	☐	☐	☐	☐	☐	☐	☐	☐	☺
Training fait	☐	☐	☐	☐	☐	☐	☐	☐	☐	☐	☺

NOTES

-
-
-
-
-
-
-

MON JOURNAL DE TRAINING

Comment j'ai réussi ma séance ? (ressenti musculaire, difficultés…)

…………………………………………………………

…………………………………………………………

…………………………………………………………

…………………………………………………………

…………………………………………………………

Évaluez votre réussite en coloriant le thermomètre.

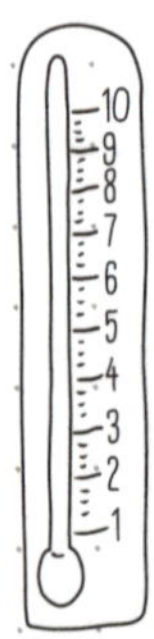

SAMEDI

TRAINING

Yoga récup et antistress

- Arbre : 5 profondes respirations
- Chandelle contre le mur : 5 profondes respirations
- Enfant : 5 profondes respirations

RITUEL FEEL GOOD

Et si je faisais une sieste ?

La sieste permet de réduire le stress et de rééquilibrer le fonctionnement nerveux, elle améliore la mémoire et la concentration. Couper une journée interminable avec petite sieste de 10 à 20 min vous aidera à tenir et suffira pour recharger efficacement vos batteries.

FOOD

Mon apéro healthy

Votre apéro dînatoire ? Des olives vertes ; des légumes à croquer avec une sauce légère au fromage blanc et aux épices ; des toasts de légumes (tranches de betterave + fromage frais ou de patate douce + houmous, feuilles d'endive + tomates concassées et filet d'huile d'olive…) ; des verrines veggie (taboulé de quinoa + pois chiches + menthe, boulgour + lentilles à l'indienne…), et un verre de vin plutôt qu'un cocktail…

COACHING

J'ai l'impression de stagner… Vous arrivez à la fin du 1er mois, votre corps s'adapte bien aux séances mais vous avez l'impression de ne plus progresser ? Avec le 2e mois qui arrive, l'intensité va monter d'un cran : nouveaux exercices, charges et temps de travail augmenté, pour choquer le corps et les muscles. Attendez-vous à de nouvelles courbatures ! Pas de repos pour les fit-girls !

NOTES

-
-
-
-
-
-
-

MES TRACKERS

Zéro sucre

Repas équilibré

Training fait

MON JOURNAL DE TRAINING

Comment j'ai réussi ma séance ? (ressenti musculaire, difficultés…)

Évaluez votre réussite en coloriant le thermomètre.

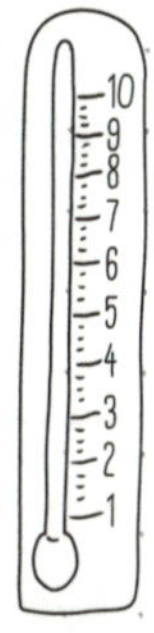

DIMANCHE

FOOD

Cookies

Mélangez 50 g de flocons d'avoine, une pincée de sel, 120 g de farine de châtaigne, ½ sachet de levure, 1 œuf, 2 c. à s. de sucre de coco et 2 c. à s. d'huile de sésame. Malaxez, faites environ 10 petites boules et aplatissez-les sur une feuille de cuisson en les espaçant bien. Ajoutez des pépites de chocolat noir, des raisins secs, des noix… Enfournez 15 min à 160 °C, puis laissez refroidir 10 min.

RITUEL FEEL GOOD

Je socialise !

Les relations et les liens avec les autres aident à lutter contre le stress car ils aident à fabriquer de l'ocytocine (hormone du bonheur). Déjeunez avec une copine, sortez, créez du lien, riez ! Le rire permet au corps de faire baisser le taux de cortisol tout en libérant des endorphines, il réduit les tensions musculaires et déstresse !

TRAINING

Sortie cardio longue

Pour cette 4e semaine, on augmente la course, le vélo ou la piscine, toujours à un rythme modéré : 27 min pour le niveau débutant, 43 min pour l'intermédiaire et 55 min pour le niveau avancé !

COACHING

Good job !

Premier mois : *done* ! Vous êtes beaucoup plus tonique et avez perdu quelques centimètres ; vous êtes plus à l'aise dans vos vêtements et avec votre image… Bravo ! Pour fêter ça, offrez-vous un vêtement dans lequel vous vous trouvez sexy ! Cela symbolisera tous vos efforts, qui ont payé, et vous motivera pour ne rien lâcher pour la suite !

MES TRACKERS

Zéro sucre

Repas équilibré

Training fait

NOTES

MON JOURNAL DE TRAINING

Comment j'ai réussi ma séance ? (ressenti musculaire, difficultés…)

Évaluez votre réussite en coloriant le thermomètre.

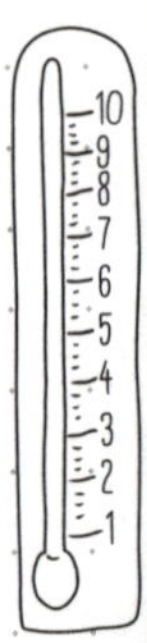

Mon bilan de la semaine 4

Mes victoires

Mes petits échecs

Niveau bien-être, comment je me suis sentie ?

Comment je me suis sentie sur les séances ?

Coloriez ce diagramme bâton selon votre ressenti de difficulté par type de séance.

	HAUT DU CORPS	BAS DU CORPS	CHALLENGE RENFO	CHALLENGE CARDIO
Dur, impossible même !				
Dur, mais je me suis dépassée				
Dur, mais ça passe				
J'ai géré				
J'ai réussi facilement				

Comment j'ai réussi mon rééquilibrage alimentaire ?

PEUT MIEUX FAIRE ! ☆ ☆ ☆ ☆ ☆ ☆ ☆ ☆ ☆ ☆ AU TOP !

Ce qui m'a aidée à mieux gérer

Ce qui a été compliqué

Ce que je peux faire la semaine prochaine pour progresser

Vous pouvez être fière : vous avez tenu tête à ce premier mois de challenge ! Vos bras et votre dos sont plus toniques, votre ventre est plus plat, vos jambes et vos fesses ont gagné en galbe… Vous vous sentez mieux dans votre peau, mais aussi dans votre tête ! Ce fut un gros mois pour vous, surtout si vous n'aviez pas l'habitude de faire autant de sport de manière aussi régulière. Il se peut que vous ressentiez de la fatigue. Reposez-vous et, si nécessaire, laissez passer un jour sans sport. Relâchez vos muscles et récupérez pour affronter votre 2e mois en mode #Warrior ! Préparez-vous à passer la troisième : après avoir tonifié votre body, le 2e mois a pour objectif de le dessiner. *Let's go* !

Bilan du mois 1 : tonifier le body !

Ma check-list

- ☐ J'ai réussi à m'organiser et à ne zapper aucune de mes séances !
- ☐ Je suis toujours allée jusqu'au bout de mes séances.
- ☐ Je me suis améliorée sur les placements des exercices.
- ☐ J'arrive à mieux engager mes muscles pendant les séances et j'ai un meilleur ressenti.
- ☐ Je suis de plus en plus à l'aise lors des trainings, ma condition physique s'est améliorée.
- ☐ J'ai réussi à m'organiser et à faire mes meal prep chaque semaine.
- ☐ Grâce à une alimentation plus équilibrée, j'ai beaucoup moins faim entre les repas !
- ☐ Depuis que j'ai commencé les exercices de respiration, de méditation, de pilates et de yoga, je gère beaucoup mieux mon stress.
- ☐ Je dors mieux et je tiens mieux durant la journée.
- ☐ J'observe mes premiers résultats grâce aux efforts que j'ai fournis tout au long de ce 1er mois.

Résultat : .... / 10

Mon score

En dessous de 5/10 : ce premier mois vous a demandé trop de changements d'un seul coup. Être régulière sur vos séances et la préparation de vos repas n'a pas toujours été évident. Peut-être un petit manque d'organisation ? Prenez ce premier mois comme un mois de transition. Tout n'est pas négatif : même si ce n'était pas parfait, vous savez quoi faire maintenant. Votre objectif pour le 2e mois ? Atteindre 5 à 8/10. Vous pouvez le faire !

Entre 5 et 8/10 : vous pouvez être fière de vous, votre organisation est excellente ! Vous avez annulé peu de trainings, mené vos séances jusqu'au bout et, côté alimentation, c'est presque parfait. Bien sûr, vous avez conscience qu'il reste des petites choses à régler, mais votre mental est prêt à prendre le dessus ! Votre objectif pour le 2e mois : atteindre 8 à 10/10.

À partir de 8/10 : beau parcours ! Pour obtenir ce résultat, vous avez su être régulière et soigner votre hygiène de vie ! Vous aviez déjà une âme de challengeuse, et c'est cette flamme vous pousse à aller toujours plus loin. Perfectionniste, vous vous donnez comme target de vous améliorer chaque jour. Alors, pour le 2e mois, on tente le 10/10 ? #NeverGiveUp !

Ce dont je suis le plus fière

....

....

....

....

Mes atouts

....

....

....

....

Mon bien-être

Avez-vous pu expérimenter les rituels feel good du mois ? Votre gestion du stress, votre sommeil et votre silhouette se sont-ils améliorés ? Cette complémentarité est un booster pour optimiser vos résultats. Il représente 20 % du chemin, ne le négligez pas

Bien-être/énergie ☐☐☐☐☐☐☐☐☐☐ ☺

Moins de stress ☐☐☐☐☐☐☐☐☐☐ ☺

Tonicité de la peau ☐☐☐☐☐☐☐☐☐☐ ☺

Mandala motivation

Coloriez la case du jour selon la légende. Vous dessinez ainsi l'atmosphère de votre programme et votre réussite !

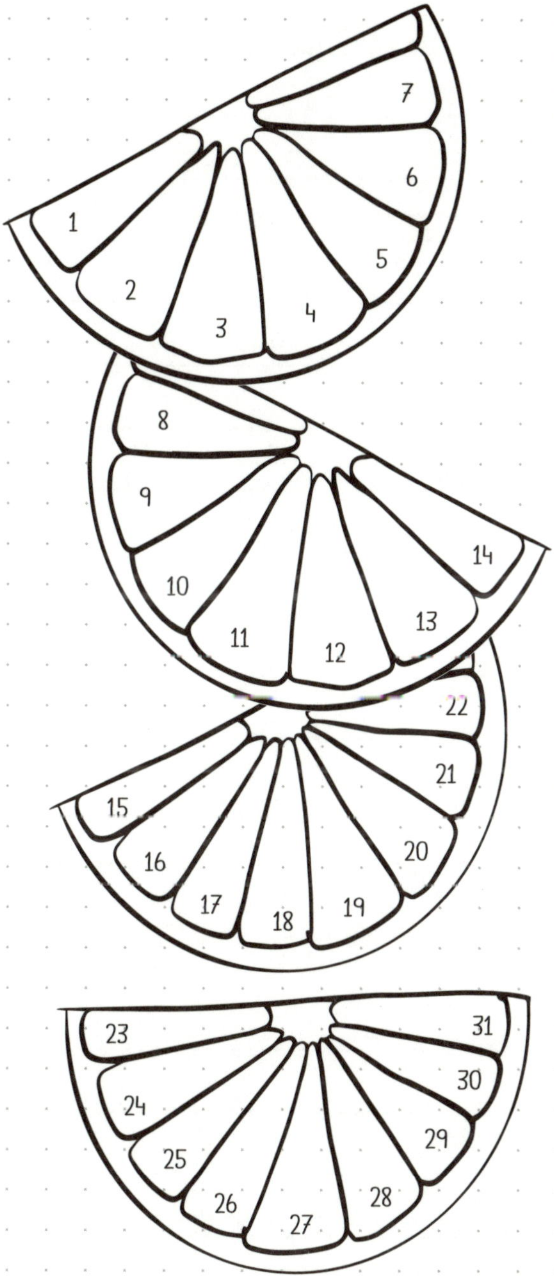

Fière de ma séance !

Satisfaite de ma séance

Pas très satisfaite, je ferai mieux demain

Pas du tout satisfaite

MES NOTES

Mois 2

Objectif

je me muscle !

C'est le top départ! Après un mois où vous avez permis à votre corps de s'adapter sans charge avec des exercices de base, vous savez mieux comment vous placer durant les exercices et ressentir le travail. Bravo! Maintenant, vous devez passer la troisième pour booster vos résultats. Ce mois-ci, on ajoute les charges et on intensifie les trainings pour se challenger et galber un peu plus votre silhouette. Dites adieu à vos petits kilos en trop!

Je me muscle… mais comment?

J'ajoute des charges!

Vous tonifier, vous l'avez fait le mois précédent. L'objectif, maintenant, c'est de galber les muscles! C'est pour ça que, ce mois-ci, on ajoute des charges. La résistance créée permet de développer encore plus la masse musculaire afin de dessiner la silhouette.

De quel matériel ai-je besoin?

- Une paire d'haltères (1 kg pour les débutantes, 2 kg pour les intermédiaires, 3 kg pour les avancées). Et si je n'en ai pas? Deux bouteilles d'eau feront l'affaire : 0,5 l, ou 1,5 l, ou 2 l!
- Une bande élastique pour créer de la résistance.

J'active la fonte des graisses!

Pour perdre du poids efficacement, et surtout de manière durable, il n'existe pas de meilleure solution que d'augmenter sa masse musculaire. Se muscler est donc un moyen efficace pour faire fondre les graisses. C'est simple : le métabolisme augmente à mesure que la masse musculaire augmente. Cela oblige l'organisme à dépenser davantage de calories (dont des graisses) au repos chaque jour pour l'entretien de ces muscles en plus du maintien des fonctions vitales. L'entraînement crée des microlésions au niveau des muscles, et c'est ce qui demande à l'organisme un surplus d'énergie pour pouvoir les réparer avec de nouvelles protéines. Il faut tout de même rappeler que, pour prétendre à une perte de poids durable, vous devez maintenir une régularité dans vos entraînements. Pas de secret!

Mon plan d'action training

Le planning challenge training renfo-cardio de la semaine

Vous êtes prête à vous muscler? L'intensité va monter d'un cran, ce mois-ci! On change les habitudes et les trainings selon les jours, histoire de ne jamais s'ennuyer. Au programme : de nouveaux exercices, des charges, de la résistance et de nouvelles sensations! Vous commencerez le lundi par un challenge cardio; le mardi, ce sera training renfo upper body; le jeudi, vous transpirerez avec un training renfo lower body ; le samedi sera le jour du challenge renfo et, le dimanche, séance cool avec une sortie longue cardio à un rythme modéré.

Le cumul des séances de renforcement musculaire et des sessions cardio durant la semaine activera deux fois plus la fonte des graisses !

Et les autres jours ?

Vous récupérez, mais toujours de manière active ! Vous bougez autrement et vous faites du bien avec une séance pilates le mercredi et une séance yoga le vendredi, tout en continuant à brûler des calories et à booster votre métabolisme !

Profil 1 : vous êtes une challengeuse en devenir

Ce mois-ci sera un mois intense pour vous, surtout si vous n'avez jamais travaillé avec des charges et de la résistance. Mais, grâce au 1er mois, vous avez acquis de bonnes postures car vous avez désormais conscience de votre corps. Votre condition physique est aussi bien meilleure, vous êtes prête à relever le défi !

Les difficultés que vous pourriez rencontrer...

Au début, tenir l'intensité des séances sur toute la durée du training ne va pas être facile. Il faudra du temps pour que vos muscles s'adaptent à ce nouveau rythme. Vous pensiez avoir gagné beaucoup en force, mais vous allez vous apercevoir qu'en ajoutant de la charge vous devrez faire face à un challenge supplémentaire. C'est normal ! Encore une fois, si vous maintenez une bonne régularité dans vos entraînements, votre corps va s'adapter et, au bout de 2 semaines, vous vous sentirez plus à l'aise.

Les conseils de la coach...

Si vous sentez que l'intensité des séances a trop augmenté pour vous et que vous avez du mal à tenir le timing jusqu'au bout, finissez l'exercice sans les charges les premières semaines. Ne lâchez surtout pas, quitte à souffler 5 s ou à prendre des options faciles avant de repartir de plus belle ! N'oubliez pas que c'est dans votre zone d'inconfort que vous optimisez vos résultats !

Profil 2 : vous êtes une challengeuse à confirmer !

Vous vous réjouissez de commencer ce nouveau mois. Vous savez que ça va être plus dur de tenir mentalement sur la durée des séances, mais vous êtes prête à relever le défi !

Les difficultés que vous pourriez rencontrer...

Les deux premières séries seront abordables et sans difficulté pour vous, mais vous commencerez à entrer dans votre zone rouge à partir du 3e tour ! C'est à ce moment-là qu'il va falloir vous servir de votre mental pour tenir jusqu'au bout !

Les conseils de la coach…

Vous pouvez ralentir un peu le rythme sans vous arrêter sur le dernier tour afin de souffler et récupérer un peu niveau cardio. Si vous sentez qu'au 3e tour vous êtes toujours à l'aise, c'est que vous n'êtes pas sur la bonne intensité, et peut-être même pas sur les bonnes charges. Augmentez !

Profil 3 : vous êtes une challenge addict !

Vous avez relevé votre 1er mois de challenge haut la main. Vous savez que ce 2e mois va être riche en intensité, mais rien ne vous fait peur ! Au contraire, vous êtes toujours prête à aller plus loin ! #Mentaldacier

Les difficultés que vous pourriez rencontrer…

L'intensité à tenir sur la durée ! Le dernier tour sera un challenge mental. Votre objectif ? Ne pas lâcher, voire augmenter l'intensité sur les 10 dernières secondes d'exécution de chacun de vos exercices.

Les conseils de la coach…

Si vous avez envie de vous challenger encore plus, commencez par augmenter l'intensité d'exécution des exercices. Vous êtes à l'aise sur les placements, soyez plus dynamique ! Et si ce n'est pas assez, tentez d'augmenter les charges, au moins sur certains exercices, comme ceux axés sur le bas du corps. Il peut soutenir des charges plus lourdes que le haut du corps.

Mes exos

RENFO LOWER BODY ANTI-CELLULITE

DEADLIFT AVEC HALTÈRES

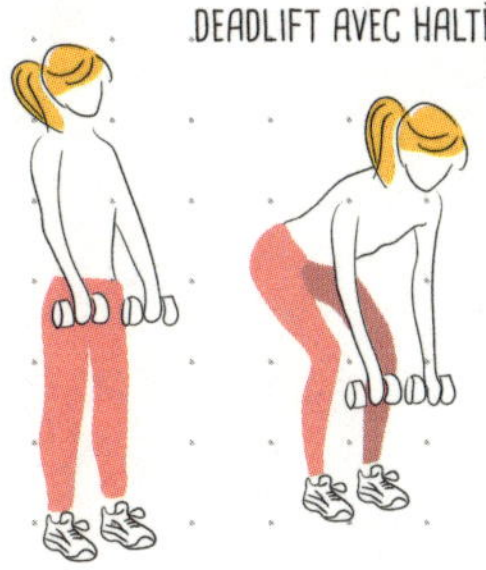

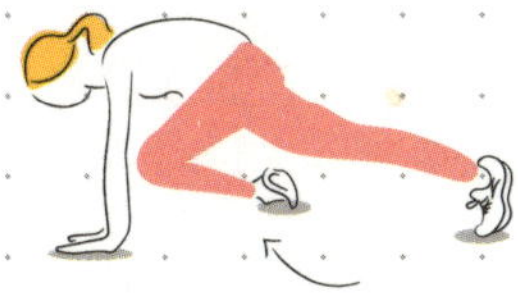

MOUNTAIN CLIMBER TWIST

PLANCHE IN/OUT

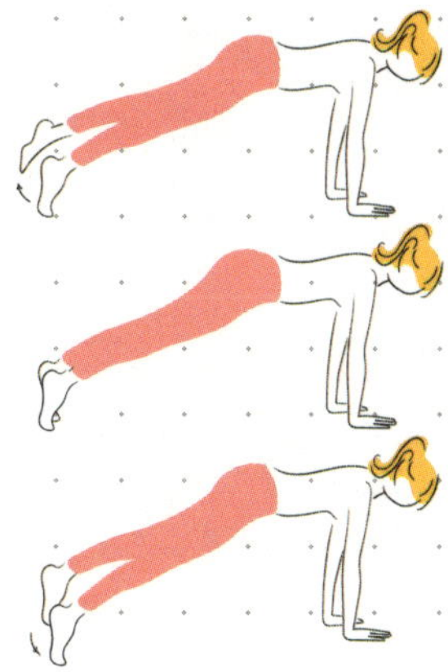

SQUAT CLEAN AVEC HALTÈRES

SQUAT SUMO DEADLIFT AVEC HALTÈRES

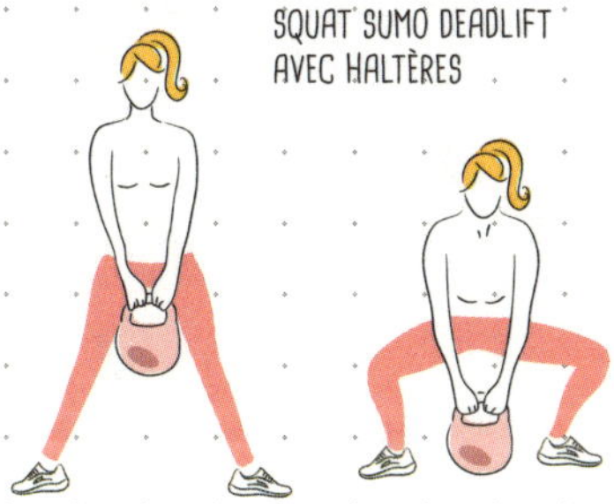

RENFO UPPER BODY

BICEPS CURL AVEC HALTÈRES

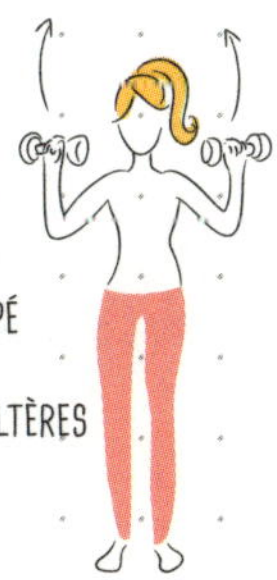

DÉVELOPPÉ ÉPAULE AVEC HALTÈRES

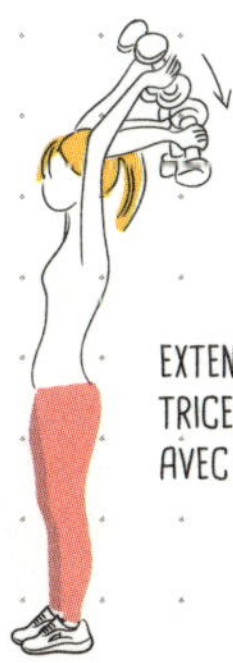

EXTENSION TRICEPS AVEC HALTÈRES

PULL OVER AVEC HALTÈRES

SIT UP

TIRAGE SERRÉ AVEC HALTÈRE

CHALLENGE CARDIO

FENTE PLYO

JACK PLANK

MONTÉE DE GENOUX ALTERNÉE

CHALLENGE RENFO

DIPS

FENTE LATÉRALE AVEC HALTÈRES

SQUAT JUMP

GOBELET SQUAT

FROG PLANK

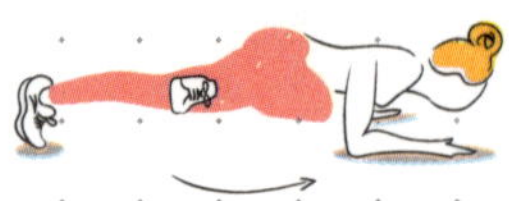

PILATES DÉTOX ET ANTI-CELLULITE

FENTE ARRIÈRE + ROTATION DU BUSTE

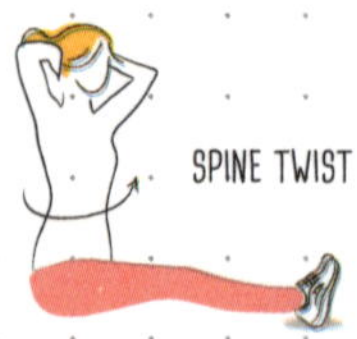

SPINE TWIST

SPINE STRETCH

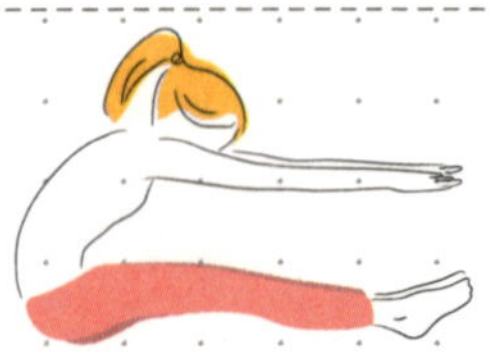

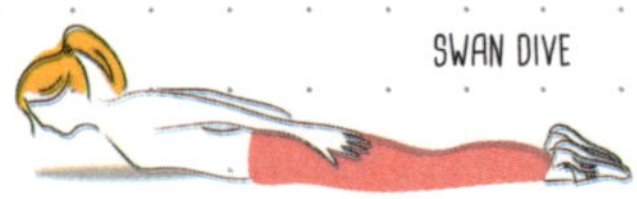

SWAN DIVE

YOGA DETOX ET ANTI-CELLULITE

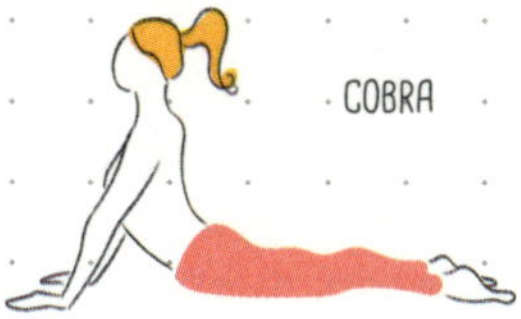

COBRA

AIGLE

PAPILLON AU REPOS

TORSION ALLONGÉE

GUERRIER 1

GUERRIER 2

TORSION ASSISE

POSTURE D'ÉLIMINATION

CHAISE

Plan d'action food : j'adopte une alimentation détox !

On teste 1 mois en mode flexitarien !

Après un mois sans mauvais sucres (ou presque), vous avez commencé à désintoxiquer votre organisme. Ce mois-ci, vous allez booster la perte de poids et de graisse en adoptant un mode flexitarien. Le principe : diminuer votre consommation de protéines animales au profit de protéines végétales pour un effet total détox. Les protéines animales contiennent en effet des acides gras saturés, du cholestérol et d'autres toxines. Les diminuer, c'est réduire vos apports en matières grasses. En parallèle, vous boosterez la perte de vos kilos en trop grâce au drainage et à l'élimination des toxines, favorisés par les fibres contenues dans les légumes, les légumineuses, les céréales et les fruits !

On choisit bien ses aliments

Avec ce mode flexitarien, l'objectif est d'augmenter l'apport en légumes, en fruits, en légumineuses et en céréales, mais pas n'importe lesquels : des fruits et des légumes de saison, bio de préférence, afin de profiter de leurs vitamines et de leurs minéraux ; des légumineuses combinées à des céréales à IG bas pour un bon apport en fibres, pour vous sentir rassasiée et pour éviter de grignoter à tout va, tout en vous apportant un max de vitamines et de minéraux !

On adopte une alimentation détox !

Pour booster l'effet détox, consommez des aliments drainants, brûle-graisse et anti-rétention d'eau afin d'affiner encore plus la shape et d'éliminer les mauvaises toxines.

Si vous êtes une carnivore addict, vos challenges…

- Diminuer votre consommation de protéines animales.
- Éviter leur consommation le soir pour privilégier les protéines végétales.
- Opter pour les protéines animales les moins grasses, et les protéines végétales en général.

Si vous consommez peu de viande mais que vous pensez avoir du mal à vous en passer, vos challenges…

- Privilégier des protéines animales de qualité (label, bio).
- Consommer des protéines animales pauvres en matières grasses.
- Vous orienter vers des alternatives végétales proches de la viande, comme le seitan ou le tofu.

Si vous êtes une veggie adepte du végétarisme industriel, vos challenges…

- Diminuer fortement la consommation de produits industriels, même végétariens.
- Cuisiner maison.
- Augmenter votre consommation de produits frais et de saison.

Inscrivez ces challenges dans votre tracker p. 108 !

Plan d'action feel good : adieu cellulite, à moi les belles gambettes !

La cellulite, c'est quoi exactement ?

C'est tout simplement un amas de cellules graisseuses dont les capacités de stockage sont saturées. Résultat : elles bloquent la circulation des lipides, mais également celle de la lymphe, dont le rôle est de transporter les toxines vers les organes aptes à les traiter (foie, intestins, reins…). Les toxines qui ne peuvent pas être éliminées vont s'accumuler et créer une inflammation. La peau se retrouve comprimée par ce phénomène inflammatoire et perd de son élasticité, ce qui donne cet effet peau d'orange, aussi connu sous le nom de cellulite !

Comment s'en débarrasser ?

Pour booster encore plus vos résultats : après chaque training axé renforcement musculaire, enchaînez avec 20 à 30 min de cardio modéré (course, vélo, marche) pour prolonger la lipolyse (action brûle-graisse).

Le combiné cardio-renfo du programme est l'un des meilleurs moyens pour dézinguer votre cellulite. Le travail intense en circuit training va solliciter de gros groupes musculaires. Cela demandera davantage d'énergie à l'organisme, et il devra donc brûler des graisses. Ajoutez à cela les sorties cardio longues à un rythme modéré, qui vous permettront de brûler davantage de graisses et de retendre la peau : elle deviendra plus ferme et plus tonique ! Pour peaufiner le tout, les séances de pilates et de yoga, axées anticellulite, viseront à améliorer le fonctionnement des systèmes d'élimination des déchets tout en continuant le travail de gestion du stress, qui est l'un des facteurs principaux à l'origine des stockages !

Qu'est-ce qui se passe dans mon corps ?

Après chaque training intense, l'organisme va libérer de l'adrénaline (une hormone du stress). Les cellules graisseuses engorgées se voient alors assaillies par une grande quantité d'adrénaline. Les récepteurs situés à leur surface sont alors saturés et réagissent en déstockant le surplus de graisse contenu dans ces cellules. De plus, l'activité physique régulière et une alimentation équilibrée permettent un meilleur fonctionnement de la lymphe. Lorsque le système lymphatique est fluide, l'élimination des toxines (dont les graisses) se fait par le foie, le pancréas, les intestins, les reins et les poumons. On élimine de partout !

Mon tracker body sculpt

Voyons comment vous évoluez durant ce 2e mois : à chaque challenge training, food et motivation relevé, coloriez la case de la couleur de votre choix. Si vous ne relevez qu'à moitié votre challenge, ne coloriez qu'une demi-case ; si votre efficacité du jour est de zéro, ne la coloriez pas. Le premier mois était presque sans faute ? Restez sur cette dynamique, avec pour objectif un sans-faute ce mois-ci ! Si, au contraire, le mois dernier était irrégulier, votre objectif pour ce 2e mois est de devenir plus régulière. *Let's go* !

	1	2	3	4	5	6	7	8	9	10	11	12

Objectif atteint ! | Objectif presque atteint | Objectif non atteint

13	14	15	16	17	18	19	20	21	22	23	24	25	26	27	28	29	30	31

Semaine 5

Mon agenda

Restez organisée ! Continuez de noter chaque jour et chaque semaine les trainings et les challenges prévus, vos menus, les courses dont vous avez besoin, vos obligations pro et perso (rendez-vous, réunions…), et vos petits moments à vous !

LUNDI

....

....

....

Menus

Courses

- [ ] ....
- [ ] ....
- [ ] ....
- [ ] ....

MARDI

....

....

....

Menus

Courses

- [ ] ....
- [ ] ....
- [ ] ....
- [ ] ....

MERCREDI

Menus

Courses

- [ ] ....
- [ ] ....
- [ ] ....
- [ ] ....

....

....

....

JEUDI

Menus

Courses

- [ ] ....
- [ ] ....
- [ ] ....
- [ ] ....

....

....

....

VENDREDI

Menus

Courses

SAMEDI

Menus

Courses

Menus

Courses

DIMANCHE

NOTES

MON MEAL PREP

Pour garder la ligne et booster vos résultats, continuez de prévoir vos meal prep ! Faites vos courses à l'avance et n'achetez que ce qui est prévu dans vos menus. Préparez vos repas healthy le week-end ou prédécoupez vos légumes, puis congelez le tout afin d'avoir juste à les cuire ou à les réchauffer en rentrant du travail !

	Je prépare pour .... (plat)	☐ ...... ☐ ...... ☐ ......
	Je prépare pour .... (plat)	☐ ...... ☐ ...... ☐ ......

LUNDI

RITUEL FEEL GOOD

Mes plantes anticellulite

Si votre cellulite est liée à une rétention d'eau et à une mauvaise circulation sanguine, elle est aqueuse (sensation de jambes molles, lourdes et gonflées) : appliquez quelques gouttes d'HE de cèdre dans une huile végétale de manière localisée en massages circulaires. Si la zone est assez marquée, molle et indolore, votre cellulite est adipeuse (alimentation trop riche). Rééquilibrez vos menus et boostez le déstockage avec du café vert ou du thé vert : ils stimulent la combustion des graisses.

TRAINING

Challenge cardio : montées de genou alternées

L'objectif est de tenir le plus longtemps possible. Chrono en main… prête ? *Let's go* ! Notez votre temps.

FOOD

L'eau, un anticellulite redoutable

L'eau permet l'évacuation de tous les déchets de l'organisme. Pour changer, testez les eaux infusées : placez des morceaux de citron et d'orange dans une bouteille d'eau de 1,5 l que vous emporterez au travail. Variez les plaisirs : bleuet-lavande, citron-gingembre…

COACHING

Je suis sur-mo-ti-vée !

Nouveau mois, nouveaux challenges ! Vous êtes surexcitée à l'idée de voir vos prochains résultats. Vous vous remémorez vos progrès, et ne comptez pas en rester là… Pour garder cette motivation constante, visualisez chaque jour les objectifs que vous souhaitez tant atteindre. Ne lâchez rien, ils sont au bout de la ligne d'arrivée !

MES TRACKERS

Détox	☑	☐	☐	☐	☐	☐	☐	☐
Repas équilibré	☐	☐	☐	☐	☐	☐	☐	☐
Training fait	☐	☐	☐	☐	☐	☐	☐	☐

NOTES

-
-
-
-
-
-
-

MON JOURNAL DE TRAINING

Comment j'ai réussi ma séance ? (ressenti musculaire, difficultés…)

. . . .

. . . .

. . . .

. . . .

. . . .

Évaluez votre réussite en coloriant le thermomètre.

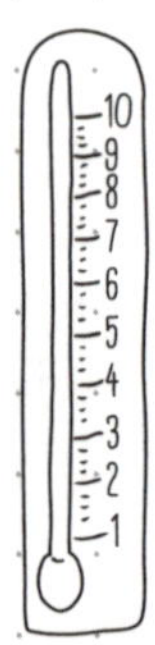

MARDI

FOOD

Je soigne ma digestion

Manger des fibres au quotidien permet d'améliorer le transit intestinal afin qu'il absorbe mieux les nutriments. Incorporez à votre alimentation plus de céréales, de fruits, de légumes et de légumineuses. Hydratez-vous bien pour mieux évacuer déchets et toxines. Un meilleur transit vous garantit un ventre plat et une pêche d'enfer !

TRAINING

Training renfo upper body

- Extensions triceps avec haltères
- Biceps curl avec haltères
- Planche in-out
- Tirages serrés avec haltères
- Développés épaules avec haltères
- Sit up

RITUEL FEEL GOOD

Ma morning routine détox : la posture d'élimination

Cette posture calme l'esprit, rééquilibre l'énergie et apaise les troubles digestifs. Allongée sur le dos, jambes tendues, inspirez en pliant le genou droit et expirez en le pressant contre vous avec vos bras. Effectuez 4 profondes respirations en détendant le reste du corps, puis reposez la jambe droite et faites la même chose avec la gauche.

COACHING

J'ai l'impression d'être nulle ! Votre corps s'était habitué au rythme des séances du 1er mois, mais impossible d'évoluer en restant dans cette zone ! Ce nouveau rythme a pour objectif de choquer vos muscles. Les premières séances vous mettent donc bien plus vite dans votre zone rouge. Soyez persévérante ! Restez régulière, et votre corps va s'habituer !

Niveau	TEMPS DE TRAVAIL	TEMPS DE RÉCUP	TOURS ET TEMPS DE RÉCUP ENTRE 2 TOURS
Débutant	20 s	15 s	• 2 ou 3 tours • 1 min 30 s
Intermédiaire	30 s	15 s	• 3 ou 4 tours • 1 min 15 s
Avancé	45 s	15 s	• 4 ou 5 tours • 1 min

MES TRACKERS

Détox

Repas équilibré

Training fait

MON JOURNAL DE TRAINING

Comment j'ai réussi ma séance ? (ressenti musculaire, difficultés…)

Évaluez votre réussite en coloriant le thermomètre.

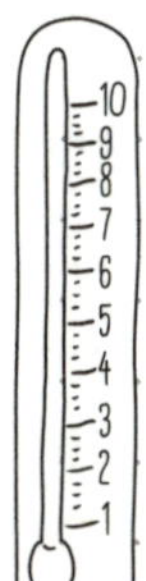

MERCREDI

FOOD

Poulet grillé au citron et haricots verts (4 pers.)

Faites mariner 3 blancs de blanc de poulet en dés dans le jus d'un demi-citron, du gomasio et 1 c. à c. de curcuma. Faites caraméliser 2 oignons émincés dans un filet d'huile. Ajoutez 750 g de haricots verts et un peu d'huile, salez, poivrez et laissez cuire à feu doux. Pendant ce temps, faites revenir dans une petite cocotte les dés de poulet avec le jus d'un demi-citron. Servez avec les haricots verts.

RITUEL FEEL GOOD

Ma cure de thé vert détox

Le thé vert est plein d'antioxydants puissants qui favorisent l'élimination des toxines et débloquent la rétention d'eau. Privilégiez, en cure d'un mois, le thé wulong, un thé semi-fermenté qui contient différents polyphénols (antioxydants), à l'effet booster sur le métabolisme.

TRAINING

Pilates détox et anticellulite

- Fentes arrière + rotations du buste : 3 à droite et 3 à gauche
- One hundred : 100 répétitions
- Swan dive : 4 répétitions

COACHING

Je me sens fatiguée !

Vous avez du mal à récupérer ? Vous manquez d'énergie à l'entraînement ? Les états de fatigue passagers sont courants en cas de changement de rythme soudain ! Levez le pied sur les charges pour 1 ou 2 trainings si nécessaire. Sinon, gardez-les, mais réduisez de 10 à 15 s le temps de travail. Et couchez-vous bien avant minuit !

MES TRACKERS

Détox	☐☐☐☐☐☐☐☐ ☺
Repas équilibré	☐☐☐☐☐☐☐☐ ☺
Training fait	☐☐☐☐☐☐☐☐ ☺

NOTES

-
-
-
-
-
-
-

MON JOURNAL DE TRAINING

Comment j'ai réussi ma séance ? (ressenti musculaire, difficultés…)

....

....

....

....

....

Évaluez votre réussite en coloriant le thermomètre.

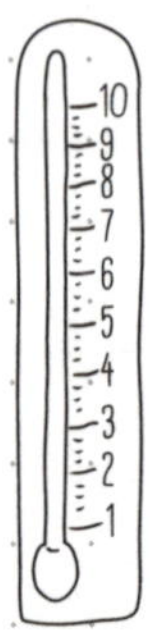

JEUDI

FOOD

Mes tips anticellulite

- Je supprime le sucre de mon café ou de mon thé.
- Je remplace les desserts ou les collations sucrés par un fruit à IG bas.
- Je prépare mon propre müesli, j'arrête les céréales industrielles avec du sucre ajouté.
- Je remplace ma confiture par de la purée d'oléagineux !

TRAINING

Renfo lower body anticellulite

- Squats clean avec haltères
- Deadlift avec haltères
- Fentes alternées avec haltères
- Mountain climber twist
- Squats sumo deadlift avec haltères
- Relevés de bassin avec haltères

RITUEL FEEL GOOD

Mon top des épices brûle-graisse et détox

- Le gingembre : brûle-graisse, il accélère le métabolisme en augmentant la température corporelle.
- La cannelle : coupe-faim, anti-fringale, elle limite le stockage des graisses en régulant la glycémie dans le sang.
- Le poivre : il facilite la digestion en limitant la fermentation des aliments dans l'estomac pour un effet ventre plat.

COACHING

Tips anticourbatures ! Les courbatures sont pires qu'avant ? Le corps est choqué, et c'est tout à fait normal. Cela veut dire que la progression dans vos résultats ne va pas tarder. Si nécessaire, faites la posture de la chandelle contre un mur pour réactiver la circulation sanguine et massez-vous à l'huile d'arnica pour accélérer la récupération. Mais ne lâchez rien !

Niveau	TEMPS DE TRAVAIL	TEMPS DE RÉCUP	TOURS ET TEMPS DE RÉCUP ENTRE 2 TOURS
Débutant	20 s	15 s	• 2 ou 3 tours • 1 min 30 s
Intermédiaire	30 s	15 s	• 3 ou 4 tours • 1 min 15 s
Avancé	45 s	15 s	• 4 ou 5 tours • 1 min

MES TRACKERS

Détox ☐☐☐☐☐☐☐☐ ☺

Repas équilibré ☐☐☐☐☐☐☐☐ ☺

Training fait ☐☐☐☐☐☐☐☐ ☺

MON JOURNAL DE TRAINING

Comment j'ai réussi ma séance ? (ressenti musculaire, difficultés…)

....

....

....

....

Évaluez votre réussite en coloriant le thermomètre.

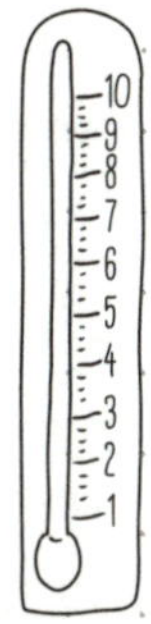

VENDREDI

COACHING

J'ai envie de sauter ma séance…

Il est difficile de garder une motivation constante, alors quand survient un imprévu (réunion de dernière minute, coup de fatigue…), ça se complique… Il y a alors deux solutions : écourter la séance et essayer de travailler avec les options les plus intenses ; augmenter les temps de repos pour mieux récupérer entre les phases de travail en cas de fatigue. #YouCanDoIt !

RITUEL FEEL GOOD

Mieux dormir pour réduire la cellulite

Mieux dormir permet de diminuer l'anxiété et réduit les envies de produits gras et sucrés liées au manque de sommeil. Le corps aime la routine ! Couchez-vous et levez-vous à heures fixes, et pratiquez une activité physique régulière (action antistress et sommeil de meilleure qualité). #SleepToBeFit

TRAINING

Yoga détox et anticellulite

- Chaise : 5 profondes respirations
- Cobra : 5 mouvements, en repassant à chaque fois par un chien tête en bas
- Posture d'élimination : 5 profondes respirations

FOOD

Je réduis ma conso de sel !

En moyenne, nous consommons 8,5 g de sel par jour, au lieu de 5 g. Résultat : rétention d'eau, engorgement des tissus et cellulite à gogo ! Pour réduire votre conso, évitez la charcuterie et les produits industriels, et limitez-vous à 30 g de fromage par jour. Utilisez un peu de sel iodé, et misez sur les épices, les fines herbes, le citron et le vinaigre !

MES TRACKERS

Détox ☐☐☐☐☐☐☐☐ ☺

Repas équilibré ☐☐☐☐☐☐☐☐ ☺

Training fait ☐☐☐☐☐☐☐☐ ☺

NOTES

-
-
-
-
-
-
-

MON JOURNAL DE TRAINING

Comment j'ai réussi ma séance ? (ressenti musculaire, difficultés…)

Évaluez votre réussite en coloriant le thermomètre.

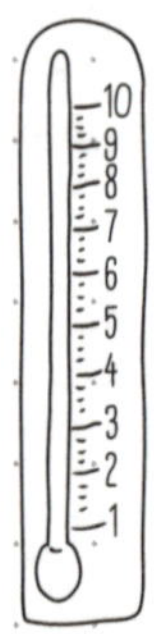

SAMEDI

FOOD

Je choisis mes protéines animales

Ne consommez pas de protéines animales plus de 2 ou 3 fois par semaine. Privilégiez alors la viande blanche issue d'une production responsable et durable, et le poisson ayant reçu un écolabel.

TRAINING

Challenge renfo : fentes latérales avec haltères

Pour des cuisses et des fesses de bombe ! L'objectif est de faire un maximum de répétitions sur 1 min. Chrono en main… prête ? *Let's go* ! Option : le même exercice sans haltères. Notez le nombre de répétitions.

RITUEL FEEL GOOD

Je déstresse avec la respiration du feu !

Installez-vous en tailleur et grandissez-vous en relâchant les tensions. Placez votre main droite sur le ventre, fermez les yeux, ouvrez la bouche et sortez la langue. Inspirez et expirez rapidement ainsi, bouche ouverte, en exagérant le bruit de la respiration. À chaque inspiration, le ventre gonfle, et il se creuse (nombril vers la colonne) sur l'expiration. En plus d'être antistress, cette respiration améliore la capacité pulmonaire et la circulation sanguine.

COACHING

Je me reboooste !

La fin de semaine est difficile, et cela se répercute sur la fin de vos séances. Vous peinez à tenir jusqu'au bout ? Plutôt qu'abandonner, prenez les options plus faciles afin de rester en mouvement même quand cela devient difficile. Et si cela ne suffit pas, prenez plus de temps de récupération entre les exercices… mais terminez la séance !

NOTES

-
-
-
-
-
-
-

MES TRACKERS

Détox

Repas équilibré

Training fait

MON JOURNAL DE TRAINING

Comment j'ai réussi ma séance ? (ressenti musculaire, difficultés…)

Évaluez votre réussite en coloriant le thermomètre.

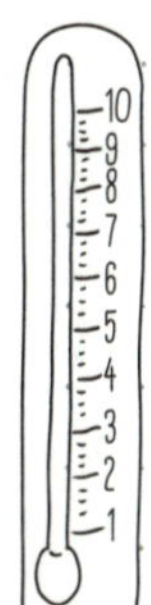

DIMANCHE

FOOD

Seitan jaune et poêlée de courgettes (4 pers.)

Faites dorer dans un peu d'huile de noisette 400 g de dés de seitan avec le jus d'un citron, 1 c. à c. de curcuma et 1 c. à s. de gomasio pendant 10 min. Faites cuire 4 courgettes en rondelles dans un filet d'huile d'olive avec 1 c. à c. de curry, du sel et du poivre jusqu'à ce qu'elles soient *al dente*. Pour la sauce, mélangez 2 yaourts de soja avec le jus d'un citron, du sel, du poivre et de la ciboulette ciselée.

RITUEL FEEL GOOD

DIY : l'HE anticellulite

Mélangez 15 ml d'huile d'amande douce, 6 ml d'HE de pamplemousse (contre le stockage des graisses et la rétention d'eau), 6 ml d'HE de cèdre d'Atlas (drainante et diurétique) et 6 ml d'HE de niaouli (favorise la circulation sanguine). Appliquez pendant 1 mois en massage énergique sur les zones atteintes par la cellulite, sauf si vous êtes enceinte ! Attention : évitez le soleil après application du mélange.

TRAINING

Sortie cardio longue

C'est reparti pour de la course, du vélo ou de la piscine à un rythme modéré : 30 min pour les débutantes, 45 min pour celles au niveau intermédiaire et 1 h pour les confirmées !

COACHING

Well done !

Quelle semaine ! L'adoption de ce nouveau rythme n'a pas été easy, mais vous n'avez rien lâché. Les semaines à venir ne seront pas un problème, votre mental s'est renforcé, vous êtes motivée comme jamais !

MES TRACKERS

Détox									
Repas équilibré									
Training fait									

NOTES

•
•
•
•
•
•
•

MON JOURNAL DE TRAINING

Comment j'ai réussi ma séance ? (ressenti musculaire, difficultés...)

Évaluez votre réussite en coloriant le thermomètre.

10 9 8 7 6 5 4 3 2 1

Mon bilan de la semaine 5

Mes victoires	Mes petits échecs	Niveau bien-être, comment je me suis sentie ?
....	....	....
....	....	....
....	....	....
....	....	....
....	....	....
....	....	....
....	....	....

Comment je me suis sentie sur les séances ?

Coloriez ce diagramme bâton selon votre ressenti de difficulté par type de séance.

	HAUT DU CORPS	BAS DU CORPS	CHALLENGE RENFO	CHALLENGE CARDIO
Dur, impossible même !				
Dur, mais je me suis dépassée				
Dur, mais ça passe				
J'ai géré				
J'ai réussi facilement				

Comment j'ai réussi mon rééquilibrage alimentaire ? PEUT MIEUX FAIRE ! ☆ ☆ ☆ ☆ ☆ ☆ ☆ ☆ ☆ ☆ AU TOP !

Ce qui m'a aidée à mieux gérer	Ce qui a été compliqué	Ce que je peux faire la semaine prochaine pour progresser
....	....	....
....	....	....
....	....	....
....	....	....
....	....	....

Ce nouveau rythme et les difficultés supplémentaires des exercices ont provoqué une sorte de tourbillon en ce début de semaine, et cela vous a peut-être surprise… C'est normal ! Il fallait laisser du temps au corps et aux muscles pour s'adapter. Vous avez l'expérience du premier mois pour le savoir, et vous savez aussi que c'est dans la difficulté que les résultats s'opèrent. Même si, parfois, vous avez envie de lâcher à cause de la fatigue ou d'une démotivation, gardez toujours en tête vos objectifs, même si vous prenez certaines options plus faciles ou si vous augmentez votre temps de récupération. Ce n'est pas grave, l'essentiel est de ne pas zapper vos séances et de les faire jusqu'au bout ! *Regularity is the key* !

Semaine 6

Mon agenda

Restez organisée ! Continuez de noter chaque jour et chaque semaine les trainings et les challenges prévus, vos menus, les courses dont vous avez besoin, vos obligations pro et perso (rendez-vous, réunions…), et vos petits moments à vous !

LUNDI

Menus

Courses

MARDI

Menus

Courses

Menus

Courses

MERCREDI

Menus

Courses

JEUDI

VENDREDI

Menus

Courses

SAMEDI

Menus

Courses

Menus

Courses

DIMANCHE

NOTES

MON MEAL PREP

Pour garder la ligne et booster vos résultats, continuez de prévoir vos meal prep ! Faites vos courses à l'avance et n'achetez que ce qui est prévu dans vos menus. Préparez vos repas healthy le week-end ou prédécoupez vos légumes, puis congelez le tout afin d'avoir juste à les cuire ou à les réchauffer en rentrant du travail !

	Je prépare pour .... (plat)	
	Je prépare pour .... (plat)	

LUNDI

RITUEL FEEL GOOD

L'aquagym, un anticellulite redoutable

L'action massante de l'eau permet de réduire la peau d'orange et la rétention d'eau. À pratiquer : 3 longueurs aller-retour avec battements de jambes sur le dos, en tenant une planche derrière la tête, bras tendus ; 15 abductions à droite (ouverture de hanche jambes tendues sur le côté) avec élastique ; 15 extensions arrière jambes tendues + même chose à gauche. Répétez ce circuit 2 fois.

TRAINING

Challenge cardio : fentes plyo anticellulite !

L'objectif : tenir le plus longtemps possible. Chrono en main… prête ? *Let's go* ! Option : si vous avez des problèmes de genoux, remplacez cet exercice par des fentes alternées. Notez votre temps ci-dessous.

FOOD

Jus détox (pour 2-3 verres)

Mixez 1 tige de céleri en tronçons, ½ granny en fins quartiers, 1 carotte en rondelles, ½ avocat pelé et ½ concombre pelé et en rondelles. Ajoutez de l'eau au fur et à mesure pour rendre le mélange le plus fluide possible. Pour une détox efficace, utilisez des fruits et des légumes bio de saison.

COACHING

Je me sens plus galbée !

Waouh ! Vous sentez la différence entre le premier mois et ce début du 2e mois ? Le travail paye : vous êtes plus fit, votre silhouette est mieux dessinée. Ça vous donne un coup de boost, non ? En plus, votre condition physique évolue, elle aussi. *Good job*, ne lâchez rien !

MES TRACKERS

Détox									
Repas équilibré									
Training fait									

NOTES

-
-
-
-
-
-
-

MON JOURNAL DE TRAINING

Comment j'ai réussi ma séance ? (ressenti musculaire, difficultés…)

Évaluez votre réussite en coloriant le thermomètre.

10 9 8 7 6 5 4 3 2 1

MOIS 2 – OBJECTIF : JE ME MUSCLE ! – SEMAINE 6

MARDI

FOOD

Smoothie aux framboises

Mixez 100 g de yaourt au soja avec 125 g de framboises et 1 c. à c. de miel. Versez dans un verre et ajoutez quelques framboises, une pincée de flocons d'avoine et une pincée de graines de sésame. Si la préparation est trop épaisse, ajoutez un peu de lait de soja et mixez de nouveau.

TRAINING

Training renfo upper body

- Pull over avec haltères
- Biceps curl avec haltères
- Pompes
- Tirages serrés avec haltères
- Extensions triceps avec haltères
- Mountain climber twist

RITUEL FEEL GOOD

Détox ! La posture de la demi-lune au repos

Allongée sur le dos, étirez l'arrière du corps, bras vers l'arrière. Croisez la cheville gauche sur la droite, attrapez votre poignet gauche de la main droite et inclinez le buste vers la droite pour étirer le côté gauche et former une demi-lune. Restez le temps de 5 profondes respirations. Revenez au milieu, étirez l'arrière du corps et faites la même chose de l'autre côté. Cette posture agit sur le méridien de la vésicule biliaire et facilite la digestion !

COACHING

J'ai encore des courbatures !

C'est normal, le rythme est beaucoup plus intense, ce mois-ci, mais les courbatures sont sûrement moindres : le corps est en cours d'adaptation, et les trainings restent efficaces ! Bonne nouvelle, non ? Hydratez-vous bien, étirez-vous et, au besoin, décontractez-vous dans un bon bain chaud.

Niveau	Temps de travail	Temps de récup	Tours et temps de récup entre 2 tours
Débutant	20 s	15 s	2 ou 3 tours 1 min 30 s
Intermédiaire	30 s	15 s	3 ou 4 tours 1 min 15 s
Avancé	45 s	15 s	4 ou 5 tours 1 min

MES TRACKERS

Détox ☐☐☐☐☐☐☐☐☐☐ ☺

Repas équilibré ☐☐☐☐☐☐☐☐☐☐ ☺

Training fait ☐☐☐☐☐☐☐☐☐☐ ☺

MON JOURNAL DE TRAINING

Comment j'ai réussi ma séance ? (ressenti musculaire, difficultés…)

Évaluez votre réussite en coloriant le thermomètre.

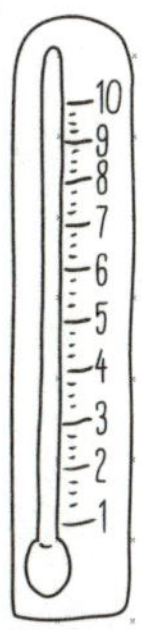

MERCREDI

RITUEL FEEL GOOD

Mon rituel brûle-graisse

Au moins 1 h avant votre training, buvez un thé vert avec une tranche de citron pour optimiser les effets brûle-graisse de la séance ! Le citron a des vertus purifiantes et détox ; la catéchine, présente dans le thé vert, est un antioxydant qui aide à répartir les graisses absorbées par l'organisme, notamment celles situées au niveau du ventre ; la théine, quant à elle, agit comme un brûleur de graisse dans l'organisme.

TRAINING

Pilates détox et anticellulite

- Spine twist : 3 à droite et 3 à gauche
- Spine stretch : 4 répétitions
- Swan dive : 4 répétitions

FOOD

Foie : mode détox activé !

- Les légumes à feuilles : ils stimulent le foie en lui faisant produire un liquide purifiant.
- Le curcuma : détoxifiant, il favorise la production de bile, qui stimule le foie en profondeur et désencombre les vaisseaux sanguins.
- Le radis noir : il draine le foie en stimulant la production de bile.

COACHING

Ma motivation est en mode down !

Boostez votre confiance en vous et votre motivation avec la posture de Wonder Woman : tenez-vous bien droite, pieds ancrés au sol et mains sur les hanches ; soulevez le menton et ouvrez épaules et poitrine !

MES TRACKERS

Détox								
Repas équilibré								
Training fait								

NOTES

-
-
-
-
-
-
-

MON JOURNAL DE TRAINING

Comment j'ai réussi ma séance ? (ressenti musculaire, difficultés...)

Évaluez votre réussite en coloriant le thermomètre.

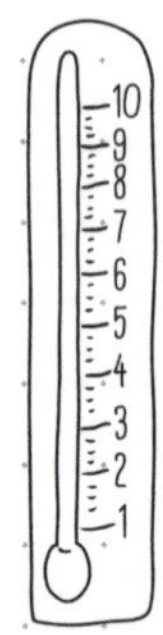

JEUDI

TRAINING

Renfo lower body anticellulite

- Squats sumo avec haltères
- Fentes alternées avec haltères
- Planche in-out
- Squats clean avec haltères
- Deadlift avec haltères
- Sit up

RITUEL FEEL GOOD

Détox ! La posture de l'ange Allongez-vous sur le dos, jambes pliées en papillon (genoux ouverts vers l'extérieur, plantes des pieds l'une contre l'autre). Gardez la jambe gauche en papillon et pliez la droite en ramenant le talon vers la fesse droite. Si vos cuisses et votre dos tirent trop, placez un coussin sous votre dos. Restez ainsi 2 à 3 min, en respirant profondément et en relâchant le corps. Faites la même chose à gauche. Cette posture fera du bien à votre foie !

FOOD

J'optimise ma digestion pour un ventre plat !

Les troubles digestifs déséquilibrent la flore intestinale. Ils sont causés par des aliments mal tolérés, qui agressent la muqueuse intestinale. Pour optimiser votre digestion, mastiquez bien les aliments (la prédigestion par la salive évite qu'ils fermentent dans le côlon) et intégrez de temps en temps des aliments qui rééquilibrent le microbiote : kéfir, kombucha, tamari, miso, tempeh, levure de bière, olives, cornichons…

COACHING

Low battery ! Smoothie pour un coup de boost rapide en cas de baisse d'énergie (30 min au moins avant votre séance) : mixez ½ banane, 1 grosse datte, 20 cl de lait d'amande et 1 c. à c. de beurre d'amandes !

Niveau	Temps de travail	Temps de récup	Tours et temps de récup entre 2 tours
Débutant	20 s	15 s	2 ou 3 tours 1 min 30 s
Intermédiaire	30 s	15 s	3 ou 4 tours 1 min 15 s
Avancé	45 s	15 s	4 ou 5 tours 1 min

MES TRACKERS

Détox									
Repas équilibré									
Training fait									

MON JOURNAL DE TRAINING

Comment j'ai réussi ma séance ? (ressenti musculaire, difficultés…)

Évaluez votre réussite en coloriant le thermomètre.

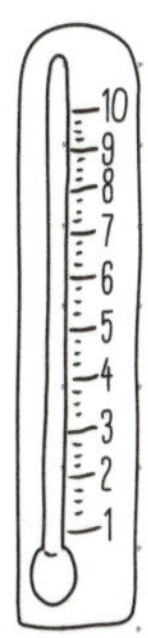

VENDREDI

RITUEL FEEL GOOD

Je termine ma douche par un jet d'eau froide !

À la fin de votre douche, réglez la température de l'eau jusqu'à ce qu'elle soit fraîche, mais acceptable, puis passez-la en mouvements du bas vers le haut sur les jambes, les cuisses et les fessiers. La différence de température stimule la circulation sanguine, empêchant le stockage des graisses sous-cutanées. Le petit plus ? Vous ressortez avec une peau tonique et des jambes légères !

TRAINING

Yoga détox et anticellulite

- Guerrier 2 : 5 profondes respirations
- Torsion assise : 5 profondes respirations de chaque côté.
- Posture de l'élimination : 5 profondes respirations

FOOD

Poulet à l'orange et au fenouil (4 pers.)

Faites cuire pendant 6 min 2 blancs de poulet en lamelles dans un peu d'huile. Parez et émincez 3 bulbes de fenouil, puis faites-les cuire 10 min dans un peu d'huile d'olive. Ajoutez les quartiers d'une orange pelée à vif et le jus d'une autre, 1 c. à c. de graines de fenouil, un peu d'huile, une pincée de poivre et les lamelles de poulet. Dégustez avec du riz basmati complet.

COACHING

Je vois de plus en plus les résultats !

On arrive à la moitié du programme, et vous voyez déjà de sérieux résultats ! Votre dos et vos bras sont plus toniques, vos fessiers et vos cuisses plus galbées. Vous avez gagné confiance en vous. Le fringue test est validé ! Bravo, continuez sur cette lancée !

MES TRACKERS

Détox ☐☐☐☐☐☐☐☐ ☺

Repas équilibré ☐☐☐☐☐☐☐☐ ☺

Training fait ☐☐☐☐☐☐☐☐ ☺

NOTES

- ______
- ______
- ______
- ______
- ______
- ______
- ______

MON JOURNAL DE TRAINING

Comment j'ai réussi ma séance ? (ressenti musculaire, difficultés…)

....

....

....

....

....

Évaluez votre réussite en coloriant le thermomètre.

10 9 8 7 6 5 4 3 2 1

SAMEDI

TRAINING

Challenge renfo : gobelet squat

L'objectif est de faire un maximum de rep sur 1 min. Chrono en main… prête ? *Let's go* ! Option : vous pouvez réaliser cet exercice sans haltères. Notez le nombre de répétitions.

RITUEL FEEL GOOD

Les bienfaits anticellulite du cardio

Pour gommer les capitons rebelles, rien de mieux que de combiner le renfo avec un sport cardio (vélo, running, marche rapide). Après votre training, si vous le pouvez, enchaînez avec du vélo ou de la marche (allez faire vos courses, par exemple), vous prolongerez la combustion des graisses.

COACHING

Je me sens plus à l'aise durant les séances

Votre corps s'adapte à l'intensité et à la difficulté des trainings. Même si vous êtes dans votre zone rouge à la fin de chaque séance, vous êtes beaucoup plus forte mentalement. C'est le résultat de votre régularité sur les entraînements. Pour vous féliciter, offrez-vous une petite séance manucure !

FOOD

Je pratique le jeûne séquentiel

Mettre l'organisme sur pause aide le foie à effectuer son travail détox. Commencez vers 20 h, après un dîner léger, et ne mangez pas avant 12-13 h le lendemain. Durant ce micro-jeûne, buvez beaucoup d'eau, et éventuellement des tisanes sans sucre. Vous pouvez choisir un autre créneau : l'essentiel est d'être à l'écoute de votre corps. Pour être efficace, ce jeûne doit durer au moins 12 h !

NOTES

-
-
-
-
-
-
-

MES TRACKERS

Détox									
Repas équilibré									
Training fait									

MON JOURNAL DE TRAINING

Comment j'ai réussi ma séance ? (ressenti musculaire, difficultés…)

Évaluez votre réussite en coloriant le thermomètre.

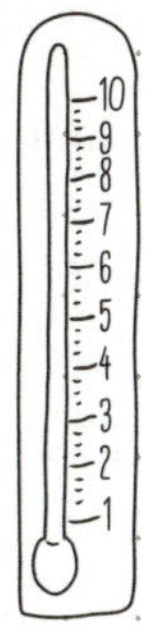

DIMANCHE

FOOD

Je gère mes excès !

Difficile de ne pas craquer lorsque vous avez des restos prévus le week-end ! Il faut aussi savoir se faire plaisir pour mieux repartir ! La seule condition : cela doit rester occasionnel, pour que l'équilibre alimentaire soit conservé. Faites des cheat well : au lieu d'avaler un gros burger de viande, choisissez un burger veggie, dépourvu de graisses saturées !

RITUEL FEEL GOOD

Top 3 des huiles essentielles anticellulite !

- HE de géranium : elle améliore la circulation sanguine et stimule le système lymphatique, diminuant la rétention d'eau.
- HE de pamplemousse : elle traite la cellulite et la rétention d'eau.
- HE de citronnelle : diurétique, elle est un bon remède à la rétention d'eau et à la cellulite.

TRAINING

Sortie cardio longue

On repart pour du running, du vélo ou de la piscine à un rythme modéré. Si vous êtes une challengeuse en devenir, votre objectif est de tenir 32 min. Si vous êtes au niveau intermédiaire, tenez 48 min, et au niveau confirmé, 65 min !

COACHING

Sunday mood : envie de buller !

OK, c'est dimanche, mais allez donc prendre l'air en marchant une bonne heure ou faites quelques postures de yoga dynamiques et relaxantes plutôt que de vous mettre dans le canapé toute la journée. Ne laissez pas les mauvaises toxines s'installer ! *Happy sunday* !

MES TRACKERS

Détox

Repas équilibré

Training fait

NOTES

•

•

•

•

•

•

•

MON JOURNAL DE TRAINING

Comment j'ai réussi ma séance ? (ressenti musculaire, difficultés…)

....

....

....

....

....

Évaluez votre réussite en coloriant le thermomètre.

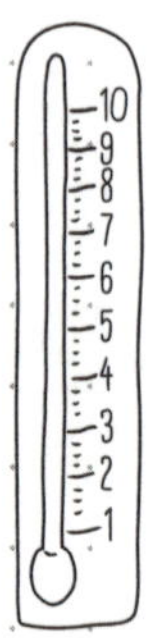

Mon bilan de la semaine 6

Mes victoires

....
....
....
....
....
....
....

Mes petits échecs

....
....
....
....
....
....
....

Niveau bien-être, comment je me suis sentie ?

....
....
....
....
....
....
....

Comment je me suis sentie sur les séances ?

Coloriez ce diagramme bâton selon votre ressenti de difficulté par type de séance.

	HAUT DU CORPS	BAS DU CORPS	CHALLENGE RENFO	CHALLENGE CARDIO
Dur, impossible même !				
Dur, mais je me suis dépassée				
Dur, mais ça passe				
J'ai géré				
J'ai réussi facilement				

Comment j'ai réussi mon rééquilibrage alimentaire ?

PEUT MIEUX FAIRE ! ☆ ☆ ☆ ☆ ☆ ☆ ☆ ☆ ☆ ☆ AU TOP !

Ce qui m'a aidée à mieux gérer

....
....
....
....
....

Ce qui a été compliqué

....
....
....
....
....

Ce que je peux faire la semaine prochaine pour progresser

....
....
....
....
....

Cette semaine marque clairement le début de l'adaptation de votre corps et de vos muscles à ce programme. Vous commencez à être plus à l'aise au niveau cardio. Vous arrivez à tenir le rythme jusqu'au bout, même si les derniers tours se font sentir. Vous vous sentez plus forte et plus tonique. Si vous avez encore du mal, parfois, n'hésitez pas à terminer avec des options; sinon, challengez-vous sur les exercices où vous vous sentez plus à l'aise, en augmentant le rythme d'exécution ou la charge! À vous de jouer!

Semaine 7

Mon agenda

Restez organisée ! Continuez de noter chaque jour et chaque semaine les trainings et les challenges prévus, vos menus, les courses dont vous avez besoin, vos obligations pro et perso (rendez-vous, réunions…), et vos petits moments à vous !

LUNDI

Menus

Courses

MARDI

Menus

Courses

Menus

Courses

MERCREDI

Menus

Courses

JEUDI

VENDREDI

Menus

Courses

SAMEDI

Menus

Courses

DIMANCHE

Menus

Courses

NOTES

MON MEAL PREP

Pour garder la ligne et booster vos résultats, continuez de prévoir vos meal prep ! Faites vos courses à l'avance et n'achetez que ce qui est prévu dans vos menus. Préparez vos repas healthy le week-end ou prédécoupez vos légumes, puis congelez le tout afin d'avoir juste à les cuire ou à les réchauffer en rentrant du travail !

	Je prépare pour .... (plat)	☐ .... ☐ .... ☐ ....
	Je prépare pour .... (plat)	☐ .... ☐ .... ☐ ....

LUNDI

RITUEL FEEL GOOD

DIY : massage anticellulite

Pour traiter la cellulite, pensez au palper-rouler. Pincez un bourrelet de peau entre les doigts, soulevez-le et faites-le rouler en le poussant avec le pouce vers le haut du corps. Variez les pressions pour stimuler la circulation de la lymphe et détoxifier les tissus. Accompagnez ce massage d'une huile anticellulite : 50 ml d'huile de macadamia et 20 gouttes de chacune des HE suivantes : pamplemousse, citronnelle et cèdre de l'Atlas.

TRAINING

Challenge cardio : jump squats anticellulite !

L'objectif est de faire un maximum de rep sur 1 min. Chrono en main… prête ? *Let's go* ! Option : si vous avez des problèmes de genoux, remplacez cet exercice par des squats. Notez le nombre de répétitions.

FOOD

Bouillon de poireau au céleri et au cumin (4 pers.)

Mettez ½ boule de céleri-rave en dés dans une cocotte avec le jus d'un demi-citron et 1 c. à c. de cumin. Couvrez d'eau, faites bouillir 5 min, puis ajoutez le blanc de 3 poireaux en rondelles, salez, poivrez et laissez cuire à feu doux 30 min. Ajoutez des graines de cumin et dégustez.

COACHING

New week, je fonce !

Votre challenge cette semaine ? Lister vos points forts et vos points faibles en training, améliorer ces derniers et exceller encore plus sur les premiers ! Faites le point chaque début de semaine sur votre évolution, pour booster votre motivation !

MES TRACKERS

Détox ☐☐☐☐☐☐☐☐

Repas équilibré ☐☐☐☐☐☐☐☐

Training fait ☐☐☐☐☐☐☐☐

NOTES

-
-
-
-
-
-
-

MON JOURNAL DE TRAINING

Comment j'ai réussi ma séance ? (ressenti musculaire, difficultés…)

. . . .

. . . .

. . . .

. . . .

. . . .

Évaluez votre réussite en coloriant le thermomètre.

10 9 8 7 6 5 4 3 2 1

MARDI

TRAINING

Training renfo upper body

- Planche in-out
- Tirages serrés avec haltères
- Pull over avec haltères
- Biceps curl avec haltères
- Sit up
- Extensions triceps avec haltères

RITUEL FEEL GOOD

Détox ! La posture du papillon au repos

Une posture pour vous ressourcer ! Allongée sur un tapis, un gros coussin sous le dos et un autre sous la tête, pliez les jambes, genoux ouverts vers l'extérieur et plantes des pieds l'une contre l'autre. Relâchez le poids des jambes vers le sol. Au besoin, placez un coussin sous chaque genou. Restez le temps souhaité, en respirant comme si vous alliez vous endormir.

FOOD

Poêlée de blé aux fèves et au brocoli (4 pers.)

Portez à ébullition 1 l de bouillon de légumes, ajoutez 250 g de blé et laissez cuire 20 min. Faites cuire 200 g de fèves dans de l'eau bouillante salée pendant 5 min. Faites cuire les fleurettes d'un brocoli dans de l'eau bouillante salée pendant 10 min. Faites fondre 1 oignon émincé dans un peu d'huile de sésame et ajoutez les fèves et le brocoli. Salez, poivrez, ajoutez le blé égoutté et saupoudrez de graines de sésame.

COACHING

Je n'ai presque plus de courbatures !

C'est bon signe ! Cela veut dire que vous avez été régulière sur vos trainings et que vous vous êtes donnée à fond. Poursuivez vos efforts jusqu'au début du 3e mois. Pour booster vos résultats, augmentez vos charges ou la durée des exercices de 15 s.

Niveau	Temps de travail	Temps de récup	Tours et temps de récup entre 2 tours
Débutant	20 s	15 s	• 2 ou 3 tours • 1 min 30 s
Intermédiaire	30 s	15 s	• 3 ou 4 tours • 1 min 15 s
Avancé	45 s	15 s	• 4 ou 5 tours • 1 min

♡ MES TRACKERS ♡

Détox									☺
Repas équilibré									☺
Training fait									☺

MON JOURNAL DE TRAINING

Comment j'ai réussi ma séance ? (ressenti musculaire, difficultés...)

....

....

....

....

....

Évaluez votre réussite en coloriant le thermomètre.

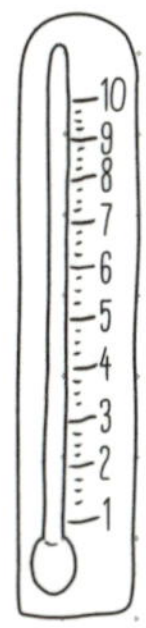

MERCREDI

FOOD

Dessert : se faire plaisir en évitant la casse !

Mélangez 150 g de farine (de quinoa, de châtaigne), 50 g de flocons d'avoine, 50 g de noisettes en poudre, 3 œufs, 50 cl d'huile de colza, 200 g de fromage blanc et 1 sachet de levure. Ajoutez une portion de fruits de saison (pomme, banane ou abricot...) ou 80 g de chocolat pâtissier à 70 % de cacao au minimum ! Et hop, au four à 180 °C pendant 35 min !

RITUEL FEEL GOOD

Réflexo plantaire : viser le foie pour se détoxifier !

Stimulez d'abord le point réflexe de la vésicule biliaire (à un pouce et demi du talon droit, légèrement sur la moitié droite du pied) en exerçant 5 ou 6 fois une pression moyenne durant 5 s. Stimulez ensuite la zone du foie (toute la zone externe de la voûte plantaire de chaque pied), en exerçant de lents mouvements en forme de S durant 2 à 3 min avec une pression moyenne.

TRAINING

Pilates détox et anticellulite

- One hundred : 100 répétitions
- Spine twist : 3 répétitions à droite et 3 à gauche
- Spine stretch : 4 répétitions

COACHING

Je sens mon excès d'hier soir !

Vous avez (beaucoup) trop mangé hier et cela vous ralentit durant le training ? Faites ce que vous pouvez aujourd'hui pour éliminer un max de calories, et rééquilibrez votre alimentation du jour en mode veggie et sans sucre ! Une tisane détox avant de vous coucher, et ce sera vite oublié...

MES TRACKERS

Détox ☐☐☐☐☐☐☐☐ ☺

Repas équilibré ☐☐☐☐☐☐☐☐ ☺

Training fait ☐☐☐☐☐☐☐☐ ☺

NOTES

•
•
•
•
•
•
•

MON JOURNAL DE TRAINING

Comment j'ai réussi ma séance ? (ressenti musculaire, difficultés...)

....

....

....

....

....

Évaluez votre réussite en coloriant le thermomètre.

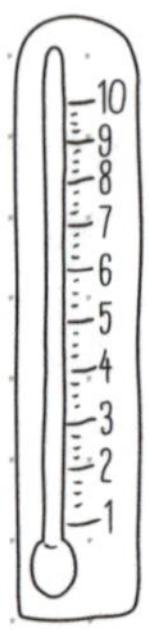

JEUDI

FOOD

Salade de fruits antioxydante (3 pers.)

Mettez dans un saladier 1 melon coupé en morceaux, les graines d'une grenade, 100 g de myrtilles, le jus d'un demi-citron, ajoutez 1 à 2 c. à s. de fromage blanc et un filet de sirop d'agave.

TRAINING

Renfo lower body anticellulite

- Deadlift avec haltères
- Fentes alternées avec haltères
- Relevés de bassin avec haltères
- Sit up
- Squats clean avec haltères
- Squats sumo deadlift avec haltères

COACHING

J'ai l'impression de stagner !

Lorsque vous stagnez niveau résultats (perte de poids, shape…), vous devez vous poser les bonnes questions : vous entraînez-vous à la bonne intensité ? Si vous êtes easy, testez le niveau au-dessus ou réduisez le temps de récupération de 15 s, vous sentirez la différence ! Surveillez également votre alimentation : si elle est irrégulièrement saine, oubliez la shape de vos rêves ! On n'a rien sans rien…

RITUEL FEEL GOOD

Circuit training anticapitons

Certains exercices de renfo ciblés lower body améliorent la circulation sanguine et ont un effet tenseur sur la peau. Résultat : une peau tonique et une cellulite dégommée ! Voici un petit circuit à faire en bonus : enchaînez 2 à 4 tours de 30 s de jumping jacks, 20 fentes alternées, 30 s de jumping jacks et 20 squats. Si nécessaire, accordez-vous une petite pause entre deux tours (de 20 s à 1 min).

Niveau	Temps de travail	Temps de récup	Tours et temps de récup entre 2 tours
Débutant	20 s	15 s	2 ou 3 tours 1 min 30 s
Intermédiaire	30 s	15 s	3 ou 4 tours 1 min 15 s
Avancé	45 s	15 s	4 ou 5 tours 1 min

MES TRACKERS

Détox									☺
Repas équilibré									☺
Training fait									☺

MON JOURNAL DE TRAINING

Comment j'ai réussi ma séance ? (ressenti musculaire, difficultés…)

- -

- -

- -

- -

- -

Évaluez votre réussite en coloriant le thermomètre.

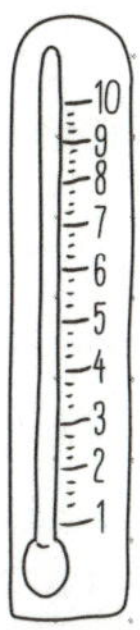

VENDREDI

RITUEL FEEL GOOD

Détox ! La torsion couchée

Elle augmente la sécrétion d'enzymes digestives, ce qui permet d'optimiser le transit et stimule la vésicule biliaire et la vessie, pour une meilleure élimination. Allongée sur le dos, bras en croix, levez les jambes en chaise renversée (genoux au-dessus du bassin, tibias parallèles au sol). En contractant vos abdominaux, laissez descendre vos genoux à droite tout en tournant la tête du côté gauche. Restez sur 5 respirations profondes. Faites pareil de l'autre côté.

TRAINING

Yoga détox et anticellulite

- Cobra : 5 fois, en repassant à chaque fois par la posture du chien tête en bas
- Torsion allongée : 5 profondes respirations par côté
- Papillon au repos : 5 profondes respirations

FOOD

Soupe détox poireau-artichaut (4 pers.)

Coupez 2 blancs de poireau en tronçons et 4 fonds d'artichaut en morceaux. Faites cuire le tout à la vapeur durant 10 min, puis mixez avec 8 graines de guarana et 20 cl de crème de soja. Poivrez et servez.

COACHING

Mon online fitness groupe Vous sentez que vous avez envie de lâcher ? Cherchez un groupe fitness motivant sur les réseaux et, si vous avez un coup de mou, allez y faire un tour : discutez, lisez les commentaires motivants et trouvez du soutien ! Allez, enfilez votre tenue, et c'est parti !

MES TRACKERS

Détox ☐☐☐☐☐☐☐☐ ☺

Repas équilibré ☐☐☐☐☐☐☐☐ ☺

Training fait ☐☐☐☐☐☐☐☐ ☺

NOTES

-
-
-
-
-
-
-

MON JOURNAL DE TRAINING

Comment j'ai réussi ma séance ? (ressenti musculaire, difficultés…)

Évaluez votre réussite en coloriant le thermomètre.

10 9 8 7 6 5 4 3 2 1

SAMEDI

FOOD

Frozen soy-yaourt à la fraise (4 pers.)

Coupez 250 g de fraises en petits morceaux et placez-les 3 h au congélateur. Mixez-les avec 400 g de yaourt au soja et 2 c. à s. de sirop d'agave. Servez dans de grosses verrines, avec des morceaux de fraises et des feuilles de menthe.

TRAINING

Challenge renfo : frog plank

Effet ventre plat ! L'objectif est de tenir le plus longtemps possible. Chrono en main… prête ? *Let's go* ! Option : vous pouvez réaliser cet exercice sur les genoux. Notez votre temps.

COACHING

Fin de semaine, petit coup de mou !

La fatigue du travail et des trainings s'accumule… Si vous sentez que vous ne serez pas efficace pour votre training du jour, reposez-vous ou choisissez une pratique qui vous ressourcera (pilates ou yoga). Couchez-vous tôt après un dîner riche en vitamines et en bons glucides, qui rechargera vos muscles en glycogène. Rattrapez votre dette de sommeil et soyez d'attaque pour le lendemain !

RITUEL FEEL GOOD

Digital détox !

Passez un ou plusieurs jours au vert, sans ordinateur, sans Smartphone et sans écran. Vivez en fonction de la lumière naturelle, nourrissez-vous de fruits et de légumes de saison. Allez vous balader en forêt : prenez le temps de vous asseoir par terre, d'écouter les bruits autour de vous, de respirer les odeurs, d'observer la végétation ! Vous allez vous sentir totalement ressourcée !

NOTES

-
-
-
-
-
-
-

MES TRACKERS

Détox	☐☐☐☐☐☐☐☐ ☺
Repas équilibré	☐☐☐☐☐☐☐☐ ☺
Training fait	☐☐☐☐☐☐☐☐ ☺

MON JOURNAL DE TRAINING

Comment j'ai réussi ma séance ? (ressenti musculaire, difficultés…)

....

....

....

....

....

Évaluez votre réussite en coloriant le thermomètre.

10 9 8 7 6 5 4 3 2 1

DIMANCHE

RITUEL FEEL GOOD

Détox ! Le demi-pont

Cette posture renforce et tonifie les cuisses et les fessiers. Allongée sur le dos, jambes pliées à 45°, pieds au sol écartés à la largeur du bassin, bras le long du corps, inspirez et soulevez le bassin en l'éloignant le plus possible du sol et en décollant la colonne vertèbre après vertèbre. Restez dans cette posture le temps de 6 profondes respirations, bassin fixe et abdominaux bien engagés.

TRAINING

Sortie cardio longue

Running, vélo ou piscine, toujours à un rythme modéré. Pour les challangeuses en devenir, tenez 35 min, au niveau intermédiaire, 52 min, et au niveau avancé, 1 h 10 !

FOOD

Soupe détox oignon-carotte-céleri (4 pers.)

Faites suer 6 carottes en rondelles, 3 branches de céleri émincées et 1 oignon dans une casserole avec un filet d'huile d'olive pendant 10 min. Couvrez avec 1 l de bouillon de légumes, en allongeant avec un peu d'eau au besoin. Portez à ébullition et laissez frémir 15-20 min. Mixez avec 1 c. à c. de curry, du sel et un filet de crème de soja.

COACHING

Bien joué !

Dans une semaine, fin de ce 2e mois, et vous êtes toujours dans la course. Bravo ! Offrez-vous une sortie fun avec des amis, un spectacle suivi d'un bon resto, une sortie accrobranche, un escape game… Ainsi activées, les hormones du bien-être vous donneront un regain de motivation pour finir le mois !

MES TRACKERS

Détox ☐☐☐☐☐☐☐☐ ☺

Repas équilibré ☐☐☐☐☐☐☐☐ ☺

Training fait ☐☐☐☐☐☐☐☐ ☺

NOTES

-
-
-
-
-
-
-

MON JOURNAL DE TRAINING

Comment j'ai réussi ma séance ? (ressenti musculaire, difficultés…)

....

....

....

....

....

Évaluez votre réussite en coloriant le thermomètre.

10 9 8 7 6 5 4 3 2 1

Mon bilan de la semaine 7

Mes victoires	Mes petits échecs	Niveau bien-être, comment je me suis sentie ?

Comment je me suis sentie sur les séances ?

Coloriez ce diagramme bâton selon votre ressenti de difficulté par type de séance.

	HAUT DU CORPS	BAS DU CORPS	CHALLENGE RENFO	CHALLENGE CARDIO
Dur, impossible même !				
Dur, mais je me suis dépassée				
Dur, mais ça passe				
J'ai géré				
J'ai réussi facilement				

Comment j'ai réussi mon rééquilibrage alimentaire ? PEUT MIEUX FAIRE ! ☆ ☆ ☆ ☆ ☆ ☆ ☆ ☆ ☆ ☆ AU TOP !

Ce qui m'a aidée à mieux gérer	Ce qui a été compliqué	Ce que je peux faire la semaine prochaine pour progresser

Au bout de 3 semaines, vous vous sentez clairement plus à l'aise qu'au début de ce 2e mois ! Vous avez gagné en cardio, en force, en tonicité musculaire et en galbe ! Bref, niveau condition physique et shape, vous commencez à être pas mal du tout ! Et si, au contraire, vous trouvez que l'évolution est trop lente à votre goût, mettez un coup de boost cette dernière semaine en augmentant l'intensité des trainings. Tentez le niveau supérieur ou augmentez votre temps de travail de 15 s sans toucher au temps de repos. Niveau alimentation, continuez sur votre lancée !

Semaine 8

Mon agenda

Restez organisée ! Continuez de noter chaque jour et chaque semaine les trainings et les challenges prévus, vos menus, les courses dont vous avez besoin, vos obligations pro et perso (rendez-vous, réunions…), et vos petits moments à vous !

LUNDI

Menus

Courses

MARDI

Menus

Courses

Menus

Courses

MERCREDI

Menus

Courses

JEUDI

VENDREDI

Menus

Courses

SAMEDI

Menus

Courses

Menus

Courses

DIMANCHE

NOTES

MON MEAL PREP

Pour garder la ligne et booster vos résultats, continuez de prévoir vos meal prep ! Faites vos courses à l'avance et n'achetez que ce qui est prévu dans vos menus. Préparez à l'avance vos repas healthy ou prédécoupez vos légumes, puis congelez le tout afin d'avoir juste à les cuire ou à les réchauffer en rentrant du travail !

	Je prépare pour .... (plat)	☐ ☐ ☐
	Je prépare pour .... (plat)	☐ ☐ ☐

LUNDI

RITUEL FEEL GOOD

DIY : massage lymphatique

L'accumulation de toxines provoque des blocages dans la circulation de la lymphe. Heureusement, le corps est doté de nombreux points neurolymphatiques (aisselles, intérieur et extérieur des cuisses, milieu du ventre, bas-ventre et côtés du bas-ventre), que l'on peut stimuler pour favoriser la libération des toxines. Pressez fermement vos doigts sur un point et massez-le avec des mouvements circulaires durant 5 à 10 s.

TRAINING

Challenge cardio : jack plank

L'objectif est de tenir le plus longtemps possible. Chrono en main… prête ? *Let's go* ! Option : si vous avez des problèmes de genoux, remplacez cet exercice par la planche in-out. Notez votre temps.

FOOD

Verrine de fromage blanc, müesli et coulis de kiwis (4 pers.)

Mélangez 4 c. à c. de sucre de coco avec 400 g de fromage blanc. Épluchez 4 kiwis et mixez-les. Mettez 2 c. à s. de müesli dans les verrines, répartissez le fromage blanc et le coulis de kiwis par-dessus, puis décorez d'une rondelle de kiwi et d'une pincée de graines de chia.

COACHING

Last week, je donne tout !

Vous êtes motivée comme never pour cette dernière semaine ! Mentalement plus forte, vous êtes prête à vous challenger davantage sur tous vos trainings. Visez le maximum de répétitions et de tours lors de vos challenges cette semaine ! Dépassez-vous !

MES TRACKERS

Détox											☺
Repas équilibré											☺
Training fait											☺

NOTES

- ______
- ______
- ______
- ______
- ______
- ______

MON JOURNAL DE TRAINING

Comment j'ai réussi ma séance ? (ressenti musculaire, difficultés…)

....

....

....

....

....

Évaluez votre réussite en coloriant le thermomètre.

10 9 8 7 6 5 4 3 2 1

MARDI

FOOD

Je me détoxe avec des tisanes !

Le matin, optez pour une tisane énergisante : feuilles de thym, 1 tranche de citron et quelques zestes. Après le déjeuner, prenez une tisane digestive : 20 g de verveine, 20 g de fenouil, 20 g de mélisse et 10 g de menthe poivrée. Pour le soir, une tisane anti-jambes lourdes : 2 c. à c. de lavande, 2 c. à c. de vigne rouge et 2 c. à c. de passiflore.

TRAINING

Training renfo upper body

- Pompes
- Tirages serrés avec haltères
- Pull over avec haltères
- Sit up
- Biceps curl avec haltères
- Extensions triceps avec haltères
- Planche in-out

RITUEL FEEL GOOD

Fentes et spine twist, le combo détox

Les torsions boostent le processus naturel de détoxification et les fentes sont anticellulites. Debout, pieds écartés à la largeur du bassin, reculez la jambe gauche derrière en la plaçant sur la pointe du pied et pliez la jambe droite à 90°. Les mains en prière devant le sternum, inspirez, puis expirez et effectuez une rotation à droite, en gardant nez, menton et mains dans l'alignement du sternum et en aspirant le nombril vers la colonne. Revenez au centre et changez de côté. Répétez 3 fois de chaque côté.

COACHING

Je booste ma motivation avec des mantras !

Écrivez 10 mantras, comme « Croire en soi, c'est déjà réussir ! » ou « *I can and I will* », et placez-les dans des endroits stratégiques où vous serez sûre de les lire… Motivez-vous !

Niveau	TEMPS DE TRAVAIL	TEMPS DE RÉCUP	TOURS ET TEMPS DE RÉCUP ENTRE 2 TOURS
Débutant	20 s	15 s	• 2 ou 3 tours • 1 min 30 s
Intermédiaire	30 s	15 s	• 3 ou 4 tours • 1 min 15 s
Avancé	45 s	15 s	• 4 ou 5 tours • 1 min

MES TRACKERS

Détox ☐☐☐☐☐☐☐☐

Repas équilibré ☐☐☐☐☐☐☐☐

Training fait ☐☐☐☐☐☐☐☐

MON JOURNAL DE TRAINING

Comment j'ai réussi ma séance ? (ressenti musculaire, difficultés…)

Évaluez votre réussite en coloriant le thermomètre.

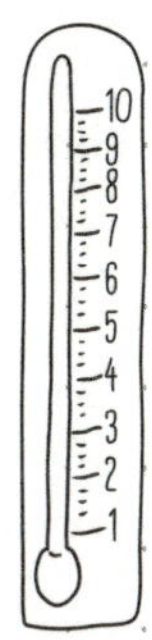

MERCREDI

FOOD

Je mange des fibres insolubles !

Les fibres, en particulier les insolubles, gonflent en absorbant l'eau, ce qui permet à l'intestin de mieux fonctionner en facilitant l'élimination des déchets. N'oubliez pas d'enrichir vos menus d'aliments riches en fibres insolubles : légumineuses, blé, céréales intégrales, son de blé, épeautre, boulgour, graines de lin, rhubarbe, poire, pomme, dattes, brocoli, choux de Bruxelles, poivrons, oléagineux…

RITUEL FEEL GOOD

DIY massage drainant

Le massage drainant va améliorer la circulation lymphatique et vous aider à déloger la cellulite. Pour cela, faites des mouvements circulaires avec les paumes de vos mains en variant les pressions au niveau des ganglions qui se trouvent le long des vaisseaux lymphatiques : plis de l'aine, aisselles, côtés du cou, plis poplités derrière les genoux. Restez une dizaine de secondes sur chaque zone.

TRAINING

Pilates détox et anticellulite

- Fentes arrière + rotation : 3 répétitions à droite et 3 à gauche
- Swan dive : 4 répétitions
- Spine twist : 3 répétitions à droite et 3 à gauche

COACHING

Envie de me challenger encore plus !

Vous avez déjà obtenu de sacrés résultats, ce qui vous donne encore plus envie de vous dépasser ! Aujourd'hui, challengez-vous sur le cardio. Votre objectif est de vous maintenir en zone rouge. Burn, burn, burn !

MES TRACKERS

Détox ☐☐☐☐☐☐☐☐ ☺

Repas équilibré ☐☐☐☐☐☐☐☐ ☺

Training fait ☐☐☐☐☐☐☐☐ ☺

NOTES

- ______
- ______
- ______
- ______
- ______
- ______
- ______

MON JOURNAL DE TRAINING

Comment j'ai réussi ma séance ? (ressenti musculaire, difficultés…)

....

....

....

....

....

Évaluez votre réussite en coloriant le thermomètre.

10 9 8 7 6 5 4 3 2 1

JEUDI

FOOD

Taboulé de chou-fleur (4 pers.)

Mixez les fleurettes d'un demi-chou-fleur en une sorte de semoule fine. Coupez en fins morceaux ½ concombre, 20 tomates cerises et 2 poivrons, puis mélangez à la semoule de chou-fleur. Ajoutez du basilic frais émincé, de l'huile d'olive, du jus de citron, du vinaigre balsamique blanc et de la sauce soja salée.

TRAINING

Renfo lower body anticellulite

- Squats sumo deadlift avec haltères
- Fentes alternées avec haltères
- Relevés de bassin avec haltères
- Sit up
- Mountain climber twist
- Deadlift avec haltères
- Squats clean avec haltères

RITUEL FEEL GOOD

Détox ! La posture de l'arc

Cette posture améliore la digestion en stimulant les organes internes. Allongez-vous sur le ventre, jambes écartées à la largeur des épaules. Pliez les jambes et attrapez vos chevilles, bras tendus, tête dans le prolongement de la colonne vertébrale. Maintenez cette position sur 5 respirations profondes en vous décontractant. Serrez les abdos profonds en aspirant votre nombril, puis relâchez les muscles des jambes.

COACHING

J'ai mal ! Ouille ! Vous y êtes allée un peu fort hier en vous challengeant ! Apprenez à écouter votre corps. Vous pouvez augmenter l'intensité, mais progressivement et non d'un seul coup. Massez les zones courbaturées à l'arnica et optez pour des étirements doux. Hydratez-vous, vous reprendrez l'intensité demain !

Niveau	Temps de travail	Temps de récup	Tours et temps de récup entre 2 tours
Débutant	20 s	15 s	2 ou 3 tours 1 min 30 s
Intermédiaire	30 s	15 s	3 ou 4 tours 1 min 15 s
Avancé	45 s	15 s	4 ou 5 tours 1 min

MES TRACKERS

Détox ☐☐☐☐☐☐☐☐ ☺

Repas équilibré ☐☐☐☐☐☐☐☐ ☺

Training fait ☐☐☐☐☐☐☐☐ ☺

MON JOURNAL DE TRAINING

Comment j'ai réussi ma séance ? (ressenti musculaire, difficultés…)

....

....

....

....

....

Évaluez votre réussite en coloriant le thermomètre.

10 9 8 7 6 5 4 3 2 1

VENDREDI

RITUEL FEEL GOOD

Ma morning routine anticapitons

De 10 à 15 min après votre réveil, faites 20 squats pour activer la circulation sanguine et lymphatique. En plus de tonifier vos cuisses et vos fessiers, vous activerez le retour sanguin des jambes vers le cœur, ce qui vous donnera de l'énergie pour toute la journée! Pour optimiser l'effet brûle-graisse et énergisant, avalez un thé vert avant de partir!

TRAINING

Yoga détox et anticellulite

- Guerrier I : 5 profondes respirations
- Aigle : 5 profondes respirations
- La posture d'élimination : 5 profondes respirations

FOOD

Cure d'huiles essentielles détox

Dans un flacon de 30 ml, mélangez 10 gouttes d'HE de citron (drainante pour le foie et le pancréas), 10 gouttes de menthe poivrée (digestive), 10 gouttes de romarin (pour stimuler la digestion) et 10 gouttes de genévrier (dépurative et diurétique). Versez 2 gouttes sur un comprimé neutre, à avaler tous les matins pendant 3 semaines.

COACHING

J'ai de plus en plus confiance en moi !

Vous avez déjà fait un sacré parcours! Votre mental est plus fort, vous avez gagné en confiance. Le regard des autres ne vous fait plus peur, et vous êtes fière de mettre des vêtements qui mettent en valeur votre shape! Difficile de garder une motivation constante, mais vous allez y arriver, c'est certain! #NeverGiveUp

MES TRACKERS

Détox									☺
Repas équilibré									☺
Training fait									☺

NOTES

-
-
-
-
-
-
-

MON JOURNAL DE TRAINING

Comment j'ai réussi ma séance ? (ressenti musculaire, difficultés…)

....

....

....

....

....

Évaluez votre réussite en coloriant le thermomètre.

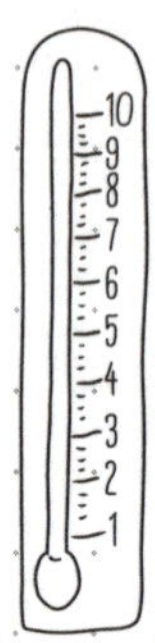

SAMEDI

FOOD

Smoothie banane-amandes

Pour une collation pré-training (45 min avant la séance), mixez 1 banane avec 20 cl de lait d'amande, 1 c. à s. de purée d'amandes et 1 c. à c. de sirop d'agave.

TRAINING

Challenge renfo : dips sur chaise ou canapé, pour des bras toniques !

Faites un max de répétitions sur 1 min. Chrono en main… prête ? *Let's go* ! Option : si l'exercice est trop difficile, faites des extensions triceps avec haltères. Notez votre nombre de répétitions.

COACHING

Je n'obtiens pas la même évolution partout

Vous avez gagné plus de force sur le bas de votre corps que sur le haut ? C'est normal : à part le dos et la poitrine, le haut du corps est constitué de petits muscles. Dans le bas du corps, en revanche, les muscles sont majoritairement denses, or plus un muscle est dense, plus il est puissant et plus il gagnera vite en force.

RITUEL FEEL GOOD

La posture de l'aigle, anticellulite !

Debout, pieds écartés à la largeur des épaules, croisez la jambe gauche sur la droite puis enroulez-la autour et pliez-les légèrement. Les jambes ne forment plus qu'un seul appui. Le buste est incliné vers l'avant, le dos, droit, et le nombril, aspiré. Tendez les bras et croisez-les, bras gauche sous le droit, coude droit à l'intérieur du gauche, de façon que les avant-bras s'enroulent et que les paumes des mains se joignent. Montez les coudes à la hauteur des épaules et restez sur 5 respirations profondes. Recommencez de l'autre côté.

NOTES

- ______________________
- ______________________
- ______________________
- ______________________
- ______________________
- ______________________
- ______________________

MES TRACKERS

Détox ☐☐☐☐☐☐☐☐☐☐ ☺

Repas équilibré ☐☐☐☐☐☐☐☐☐☐ ☺

Training fait ☐☐☐☐☐☐☐☐☐☐ ☺

MON JOURNAL DE TRAINING

Comment j'ai réussi ma séance ? (ressenti musculaire, difficultés…)

....

....

....

....

....

Évaluez votre réussite en coloriant le thermomètre.

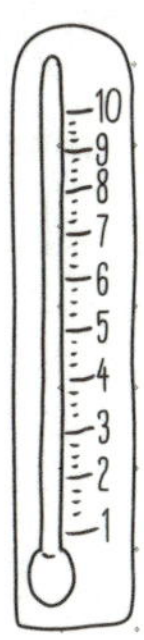

DIMANCHE

COACHING

2e mois : check !

C'est la fin du 2e mois et vous pouvez être fière : vous n'avez rien lâché, vous êtes une vraie fitgirl ! Plus qu'un mois pour arriver au bout de vos objectifs. Pour vous booster, listez les changements dont vous êtes fière (mes fesses sont plus galbées, j'ai moins de cellulite, j'ai gagné en confiance en moi…). Ensuite, fixez-vous d'autres challenges à atteindre (perdre encore 1 kg, rentrer dans un 38…). Cela vous permettra de rester motivée !

TRAINING

Sortie cardio longue

C'est reparti pour une session running, vélo ou piscine à un rythme modéré. Si vous êtes une challengeuse en devenir, votre objectif est de tenir 40 min, au niveau intermédiaire, tenez 1 h, et pour les confirmées, 1 h 15 !

FOOD

Velouté de courgettes au tofu (2 pers)

Faites sauter 400 g de courgettes en rondelles avec ½ botte d'oignons nouveaux émincés dans un filet d'huile d'olive. Ajoutez 30 cl de bouillon de légumes bouillant et laissez mijoter 15 min, puis mixez le tout avec 100 g de tofu soyeux et du curry !

RITUEL FEEL GOOD

Ma détox avec la pulpe d'aloe vera

L'aloe vera favorise la digestion, le drainage et l'élimination des déchets tout en gardant l'intestin en bonne santé. Remplissez un verre avec moitié pulpe d'aloe vera et moitié eau. Buvez cette boisson tous les matins durant 3 semaines.

MES TRACKERS

Détox

Repas équilibré

Training fait

NOTES

MON JOURNAL DE TRAINING

Comment j'ai réussi ma séance ? (ressenti musculaire, difficultés…)

Évaluez votre réussite en coloriant le thermomètre.

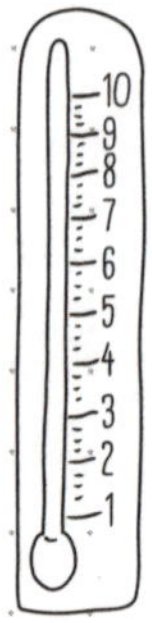

Mon bilan de la semaine 8

Mes victoires

....
....
....
....
....
....
....

Mes petits échecs

....
....
....
....
....
....
....

Niveau bien-être, comment je me suis sentie ?

....
....
....
....
....
....
....

Comment je me suis sentie sur les séances ?

Coloriez ce diagramme bâton selon votre ressenti de difficulté par type de séance.

	HAUT DU CORPS	BAS DU CORPS	CHALLENGE RENFO	CHALLENGE CARDIO
Dur, impossible même !				
Dur, mais je me suis dépassée				
Dur, mais ça passe				
J'ai géré				
J'ai réussi facilement				

Comment j'ai réussi mon rééquilibrage alimentaire ? PEUT MIEUX FAIRE ! ☆ ☆ ☆ ☆ ☆ ☆ ☆ ☆ ☆ ☆ AU TOP !

Ce qui m'a aidée à mieux gérer

....
....
....
....
....

Ce qui a été compliqué

....
....
....
....
....

Ce que je peux faire la semaine prochaine pour progresser

....
....
....
....
....

Plus de la moitié du chemin est faite ! Vous êtes arrivée au bout de ce 2e mois avec des centimètres et des kilos en moins, ainsi qu'une shape plus fit ! *Good job* ! Vous voyez nettement la différence par rapport à vos premiers pas sur ce programme. Vous êtes plus en confiance avec votre corps, votre mental, et la fin de cette semaine était importante pour vous : elle marquait les deux tiers de votre parcours ! Même si la fatigue est présente, vous restez motivée et n'avez qu'une hâte : atteindre vos objectifs ! En route pour le 3e mois !

Bilan du mois 2 : je me muscle !

Ma check-list

- ☐ J'ai réussi à m'organiser et ne zapper aucune de mes séances !
- ☐ Je suis toujours allée au bout de mes séances.
- ☐ Je me sens plus à l'aise durant les trainings.
- ☐ Je commence à avoir un meilleur cardio.
- ☐ Je sens que je récupère plus vite qu'avant après un training.
- ☐ J'ai réussi à m'organiser et à faire mes meal prep chaque semaine.
- ☐ J'ai adopté une alimentation détox, et je sens un regain d'énergie.
- ☐ Je n'ai zappé aucune séance de yoga et de pilates détox, je sens mes jambes plus toniques et ma peau plus lisse.
- ☐ J'arrive toujours à tenir une alimentation équilibrée, et je suis les recettes.
- ☐ Je trouve que mon corps a bien changé déjà en 2 mois !

Résultat : .... / 10

Mon score

En dessous de 5/10 : le changement de rythme de ce 2e mois vous a déstabilisée. La fatigue accumulée a pris le dessus et vous a démotivée plus d'une fois… Résultat : vous avez zappé des séances et fait des écarts après avoir omis de préparer vos meal prep. Ce n'est pas grave, rien n'est perdu ! Rectifiez le tir le mois prochain, ou faites de nouveau le programme de ces 4 dernières semaines. L'important, c'est d'atteindre vos objectifs, et peu importe la durée !

Entre 5 et 8/10 : vous avez donné le meilleur même si cela n'a pas été easy. Des points restent à régler, mais ce n'est qu'une question de timing. Le 3e mois sera de nouveau un gros changement. Si vous peinez, refaites une séance du mois 2 plutôt que de baisser les bras. Vous reviendrez au programme du 3e mois dès que vos batteries seront rechargées !

À partir de 8/10 : ce 2e mois était une étape cruciale, mais vous avez relevé le défi haut la main ! Malgré de petites turbulences et un peu de fatigue, vous n'avez rien lâché. Le mois 3 ne s'annonce pas facile, mais ça ne vous fait pas peur ! #WarriorMood !

Ce dont je suis le plus fière

....

....

....

....

Mes atouts

....

....

....

....

....

Mon bien-être

Avez-vous pu expérimenter les rituels feel good du mois ? Avez-vous observé des améliorations sur votre gestion du stress, votre sommeil et votre silhouette ? Cette complémentarité est un booster pour optimiser vos résultats. Il représente 20 % du chemin, ne le négligez pas !

Bien-être/énergie ☐☐☐☐☐☐☐☐☐☐ ☺

Moins de stress ☐☐☐☐☐☐☐☐☐☐ ☺

Tonicité de la peau ☐☐☐☐☐☐☐☐☐☐ ☺

Mandala motivation

Coloriez la case du jour selon la légende. Vous dessinez ainsi l'atmosphère de votre programme et votre réussite !

Fière de ma séance !

Satisfaite de ma séance

Pas très satisfaite, je ferai mieux demain

Pas du tout satisfaite

MES NOTES

Mois 3

Objectif

je sculpte ma shape !

Après ce 2e mois intense, vous sentez que votre condition physique est meilleure que jamais : vous êtes de plus en plus à l'aise niveau placement, votre cardio s'est amélioré et vous vous êtes habituée au travail avec les charges. Bref, vous devenez une vraie fit-girl ! Vous pouvez en être fière, mais vous n'allez pas en rester là ! Ce dernier mois va vous permettre de passer la cinquième ! Du cardio à gogo et encore plus de renfo pour vous garantir un sexy body !

Je me sculpte

Le nouveau challenge : du cardio-renfo en mode HIIT !

En deux mois, vous sentez que vous avez gagné en tonicité : votre corps est plus dessiné qu'au début de ce programme. L'objectif du 3e mois est de continuer à brûler des graisses pour sculpter votre body avec plus de précision ! Le travail sera encore plus intense en cardio et en renforcement musculaire, avec de nouvelles charges, pour vous garantir une sexy shape ! Avec le HIIT, vous alternerez phases de travail intense et phases de récupération de courte durée afin de toujours garder une fréquence cardiaque élevée et de brûler un max de graisses !

Je mise sur les mouvements polyarticulaires !

Le HIIT utilise des mouvements polyarticulaires, c'est-à-dire qui font appel à plusieurs groupes musculaires. Ils favorisent ainsi une plus grande dépense énergétique et entraînent une fonte des graisses plus importante, même après une séance ! En effet, les muscles sollicités sur une séance intense ont besoin d'énergie pour se régénérer : l'organisme va donc puiser dans ce qu'il a. Résultat : vous brûlez encore des calories après la séance, c'est l'afterburn effect !

Je dessine ma shape de manière plus précise !

Le HIIT est idéal pour brûler des graisses sans perdre de muscles, car il s'agit d'exécuter des exercices de renforcement musculaire à rythme cardio. Le combo renforcement musculaire et cardio HIIT permet de préserver et de développer un peu plus vos muscles, ce qui vous fera gagner en galbe. Ce type d'entraînement favorise également le déstockage des graisses. En plus de perdre encore un peu de poids, vous allez pouvoir dessiner de manière plus précise votre silhouette ! Tout cela grâce à la sécrétion plus importante, durant l'entraînement, de certaines hormones responsables de la combustion des graisses et de l'augmentation de la densité musculaire. Résultat garanti !

De quel matériel ai-je besoin?

- Une paire d'haltères, pour ajouter de la charge (1 kg pour les débutantes, 2 kg pour celles au niveau intermédiaire, 3 kg pour celles au niveau avancé). Et, si vous n'en avez pas, 2 bouteilles d'eau feront l'affaire (0,5 l, 1,5 l ou 2 l).

Mon plan d'action training

Le planning challenge training renfo-cardio de la semaine

Prête à sculpter votre shape? On y va plus fort, ce mois-ci! L'intensité des trainings va augmenter grâce au combo renforcement musculaire et cardio HIIT! La programmation des trainings selon les jours a encore changé afin que vous ne tombiez jamais dans l'ennui : vous commencerez la semaine avec un HIIT full body le lundi et un challenge cardio le mercredi, et vous finirez avec un HIIT full body le vendredi, un challenge renfo le samedi et une sortie longue en cardio modéré le dimanche.

Et les autres jours?

Vous récupérez, mais toujours de manière active! Bougez autrement : faites-vous du bien avec les séances de pilates, axées ventre plat, le mardi et les séances de yoga dynamique le jeudi, tout en continuant à brûler des calories et à booster votre métabolisme!

Comment ça marche?

Les exercices des HIIT full body seront à exécuter les uns après les autres, avec un timing et un nombre de tours bien précis selon votre niveau, en prenant peu, voire pas, de récupération entre les enchaînements. Encore un entraînement bien challenging! Les challenges renfo et cardio sont à relever en vous basant soit sur un nombre de répétitions max à faire en un temps bien précis, soit jusqu'à épuisement pour tester votre endurance et votre résistance! Les longues sorties cardio sont timées selon votre niveau, pour vous challenger à tenir sur la longueur un peu plus chaque semaine. Les trainings pilates et yoga, quant à eux, sont à exécuter à votre rythme; c'est une sorte de récupération active qui vous permet de continuer à bouger et à brûler des calories!

Profil 1 : vous êtes une challengeuse en devenir

Les difficultés que vous pourriez rencontrer…

L'intensité est à son max ce mois-ci! Votre cardio et votre résistance vont être mis à rude épreuve! Vous devrez vous accrocher au début, mais, durant ces 2 derniers mois, vous avez renforcé votre mental, qui sera un allié de taille pour vous aider à dépasser vos limites et à ne rien lâcher. À vous les objectifs!

Les conseils de la coach...

Si vous sentez que l'intensité des séances a trop augmenté pour vous et que vous avez du mal à tenir vos timings jusqu'au bout, finissez l'exercice sans les charges (ou réduisez-les) les premières semaines. Surtout, ne lâchez pas, quitte à souffler 5 à 10 s ou à prendre des options, et repartez ensuite ! N'oubliez pas que c'est dans votre zone d'inconfort que vous optimisez vos résultats.

Profil 2 : vous êtes une challengeuse à confirmer !

Les difficultés que vous pourriez rencontrer...

Vous allez clairement ressentir l'intensité qui augmente ce mois-ci, mais vous avez appris à connaître votre corps et vos limites, ce qui vous permettra de mieux gérer ce changement. Les 2 premiers tours en HIIT seront difficiles pour vous, mais tenables. En revanche, la difficulté vous attend sur les 2 derniers tours, où vous allez devoir user de votre mental pour ne rien lâcher. Vous savez d'ores et déjà que ce ne sera pas une partie de plaisir, mais vous êtes prête à relever tous les défis et à atteindre vos objectifs !

Les conseils de la coach...

Vous pouvez ralentir un peu le rythme sans vous arrêter sur le dernier tour afin de souffler et récupérer un peu côté cardio. Si vous sentez qu'au 3e tour vous êtes toujours à l'aise, c'est que vous n'êtes pas sur la bonne intensité, et peut-être même pas sur les bonnes charges. Augmentez !

Profil 3 : vous êtes une challenge addict !

Les difficultés que vous pourriez rencontrer...

Ce dernier mois a été fait pour vous, on dirait... du challenge à gogo ! Les 2 derniers tours seront redoutables, mais pas infranchissables ! Vous devrez mettre les bouchées doubles niveau mental pour ne pas lâcher. La guerrière que vous êtes gardera toujours en tête que, pour atteindre ses objectifs, il faut d'abord gagner des batailles ! #NoPainNoGain

Les conseils de la coach...

Si vous avez envie de vous challenger un peu plus, commencez par augmenter vos charges sans changer les timings. Et si ce n'est pas assez, augmentez le temps de travail des exercices de 10 à 15 s. Même si vous avez l'impression que ce n'est pas grand-chose, avec l'intensité des trainings, vous sentirez la différence !

Mes exos

HIIT FULL BODY

BURPEES

FENTE JUMPÉE À DROITE

FENTE JUMPÉE À GAUCHE

GAINAGE + TIRAGE AVEC HALTÈRES

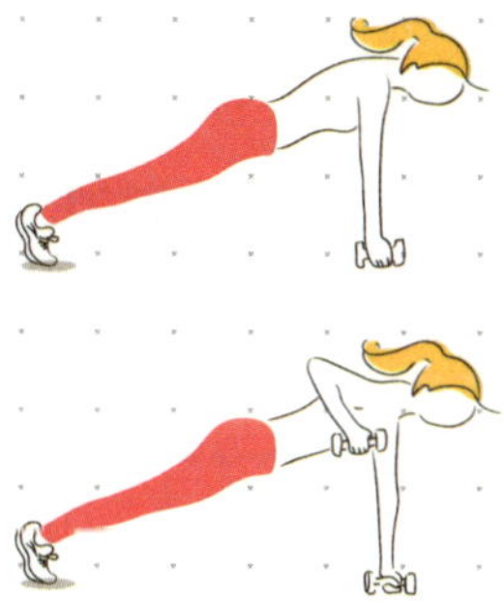

JUMPING JACK

SQUAT SUMO DEADLIFT HIGH PULL

TIRAGE + KICK BACK AVEC HALTÈRES

THRUSTER

CHALLENGE CARDIO

CARRÉ

DING DONG

TUCK JUMP

ICEMAN

CHALLENGE RENFO

CRUNCH RAMEUR

FENTE CROISÉE

SQUAT AVEC ÉLÉVATION DES BRAS

PILATES FOCUS VENTRE PLAT

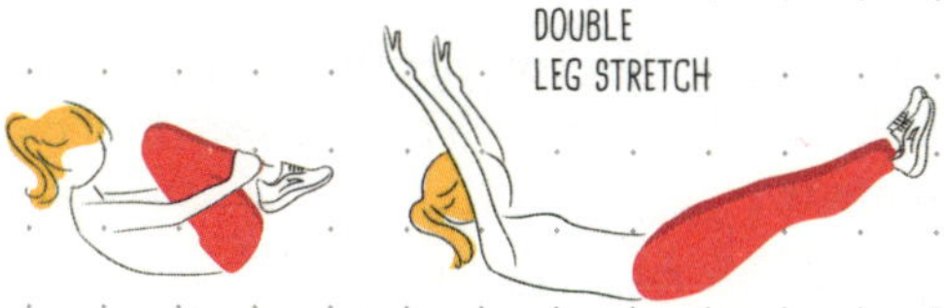

DOUBLE LEG STRETCH

LOWER AND LIFT

LEG PULL FRONT

ONE LEG CIRCLE

SCISSORS

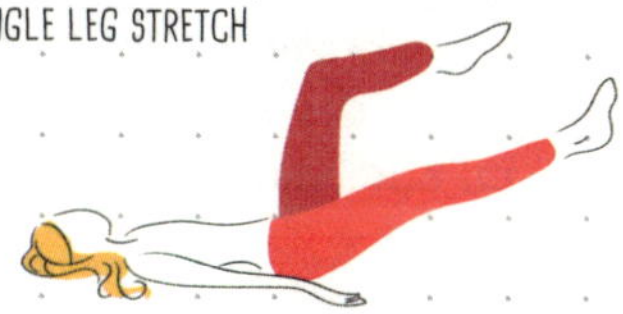

SINGLE LEG STRETCH

YOGA DYNAMIQUE

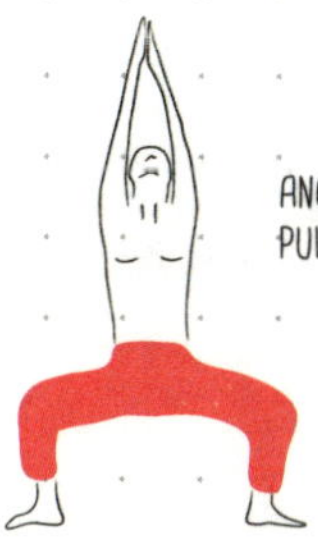

ANGLE PUISSANT

BATEAU

DANSEUR

DEMI-PONT

SAUTERELLE

Plan d'action food : je teste un mois végétarien !

Stop à la conso de viande et de poisson !

Le challenge est de supprimer partiellement les sources de protéines animales ce mois-ci, c'est-à-dire d'arrêter de consommer de la viande et du poisson. Vous pouvez néanmoins continuer les œufs et les produits laitiers (comme le fromage et les yaourts). Rassurez-vous, vous ne vous retrouverez pas en carence de protéines. Une grande variété de protéines végétales s'offrent à vous, issues du soja (tofu, tempeh), du blé (seitan), des algues, des oléagineux ou des céréales combinées à des légumineuses. Vous verrez, ce ne sera ni triste ni monotone !

Challenge ++
Si vous êtes déjà une adepte du végétarisme, lancez-vous un défi encore plus fou : tentez un mois en mode #Vegan ! Supprimez toutes les sources de protéines animales de votre alimentation, c'est-à-dire viandes, poissons, fromages, laitages et œufs !

Pourquoi toujours combiner les céréales avec des légumineuses ?

Les protéines animales sont pourvues d'acides aminés dont 8 sont essentiels à l'organisme. Certaines sources de protéines végétales (céréales et légumineuses) ne les possèdent pas toutes, c'est pourquoi vous devez les combiner. Les céréales sont carencées en lysine, et les légumineuses en méthionine. En les combinant, elles deviennent complémentaires, et vous pouvez ainsi bénéficier des 8 acides aminés indispensables à l'organisme ! Variez les plaisirs selon vos goûts, en combinant lentilles et riz, semoule et pois chiches, blé et fèves…

Je booste ma perte de poids avec un effet ventre plat !

Les viandes rouges sont extrêmement grasses, tout comme la charcuterie et les poissons gras. Consommés en excès, poissons et viandes blanches sont quant à eux transformés en graisses par l'organisme. Les protéines animales ralentissent, voire perturbent, la digestion le temps qu'elle soit découpée en acides aminés assimilables par l'organisme. Plus l'organisme peine à éliminer les déchets et plus il stockera. Une alimentation végétale diversifiée vous apportera le plein de fibres, pour une meilleure digestion et une meilleure élimination des déchets. Un transit qui fonctionne bien, c'est la garantie d'un ventre plat !

Avant de cuisiner vos légumineuses, laissez-les suffisamment tremper dans l'eau pour les débarrasser d'une partie de leur acide phytique, lequel empêche l'assimilation des minéraux et rend la digestion plus difficile.

Je booste ma santé en mode détox !

Les protéines animales sont très acidifiantes. Elles contiennent des minéraux (soufre, phosphore, chlore…) qui, une fois dans l'organisme, vont se transformer en toxines. Les reins devront travailler davantage pour les éliminer. Quant aux végétales, elles contiennent du potassium, du calcium, du magnésium et du sodium, qui sont beaucoup plus faciles à éliminer par l'organisme et qui n'encrassent pas ce dernier. Petit aperçu de vos aliments chouchous ce mois-ci…

	Les différentes sources de protéines végétales
À base de soja	Tofu, tempeh, graines de soja, edamame, miso
À base de blé	Seitan
Oléagineux	Noix, amandes, noix de cajou, pistaches, noix du Brésil…
Graines	Citrouille, tournesol, chanvre, lin, chia, fenugrec, courge, graines germées
Légumineuses	Haricots secs, haricots mungo, lentilles, pois chiches, fèves, petits pois
Céréales	Quinoa, riz, pâtes, boulgour, semoule, épeautre, sarrasin, avoine
Algues	Spiruline, nori, wakamé, chlorelle, klamath
Légumes	Champignon, brocoli, artichaut, chou kale, cresson

Plan d'action feel good : j'aime mon body !

Voilà maintenant 2 mois que vos efforts payent. Vous avez réussi à dessiner votre body, et ce dernier mois va vous permettre de le sculpter un peu plus. Vous avez certainement en tête une image bien précise du corps que vous voulez avoir, mais chaque femme a une morphologie différente et bien précise ! Votre objectif ce mois-ci : vous accepter telle que vous êtes face à une société ultra-normée. Vous n'avez peut-être pas une taille de guêpe parfaitement dessinée, des jambes interminables ou un décolleté bien fourni comme dans les magazines, mais vous avez d'autres atouts, qui peuvent être des abdos en béton et bien dessinés, des hanches sexy et marquées, des bras bien fermes… En avoir conscience vous permettra de les mettre encore plus en valeur : une femme à l'aise avec son corps est une femme belle et sexy ! On va vous guider les prochaines semaines vers ce concept de body positive.

Je cible ma morphologie !

1. **En X :** vous avez une taille fine, bien marquée, et vos épaules sont dans l'alignement de vos hanches. Ce type de silhouette est généralement mince.
2. **En H :** vous êtes bien proportionnée. Vos épaules sont dans l'alignement de vos hanches mais votre taille est très peu marquée et vous avez généralement une petite poitrine.
3. **En O :** vous avez une silhouette plantureuse. Vous avez des épaules et des hanches arrondies, et peut-être même des rondeurs localisées sur le ventre, les cuisses et les bras. Votre taille est peu marquée.
4. **En V :** vous avez une silhouette sportive et musclée, avec des épaules plus larges que vos hanches et des jambes longues et fines.
5. **En A :** vous avez les épaules étroites et de larges hanches. Généralement, cette morphologie a un haut du corps mince et des rondeurs sur le bas du corps.
6. **En 8 :** votre silhouette est bien proportionnée et féminine. Vos épaules sont dans l'alignement de vos hanches et votre taille est bien marquée. Votre silhouette est généreuse tout en étant équilibrée.

Je sublime mon body

L'objectif final de ce programme est de s'accepter et de s'aimer telle que l'on est, mais cela n'empêche pas de travailler davantage certaines zones pour se sentir encore mieux dans son body ! Ces zones deviennent alors plus fortes… Les travailler, c'est aussi leur donner de l'amour plutôt que les détester. Faire du sport, c'est comme un coup de baguette magique : après chaque training, on se sent bien dans son corps, bien dans sa tête et, au fil des séances, on voit son corps changer et on prend de plus en plus de plaisir à s'aimer sans chercher la perfection.

À la fin de ce programme, vous pourrez continuer de vous entraîner en axant plus vos séances sur des zones dont vous souhaitez faire une force en fonction de votre morpho !

Je suis un X

Conseils training : continuez de pratiquer une activité physique régulière qui reste ciblée full body !

Mes sports : renfo, cardio, HIIT, pilates, yoga.

Je suis un H

Conseils training : accentuez le travail sur la taille si vous souhaitez l'affiner et la marquer un peu plus, et continuez de travailler le reste de votre corps si vous souhaitez le galber davantage.

Mes sports : renfo full body et abdos, HIIT, pilates, yoga.

Je suis un O

Conseils training : restez sur des entraînements HIIT, qui vous permettront de poursuivre votre perte de poids si vous avez pour objectif de vous affiner un peu plus. Continuez un travail ciblé sur le centre du corps pour tonifier encore plus votre ventre.

Mes sports : renfo, cardio et abdos, HIIT, pilates, yoga.

Je suis un V

Conseils training : vous êtes déjà très sportive ; restez sur votre lancée en continuant de vous entraîner régulièrement ! Continuez de travailler en complémentarité avec du cardio, du renfo, du pilates et du yoga.

Mes sports : renfo, cardio full body, HIIT, pilates, yoga.

Je suis un A

Conseils training : restez sur des entraînements HIIT, ils vous permettront de poursuivre votre perte de poids si vous avez pour objectif de vous affiner un peu plus. Continuez un travail ciblé centre et lower body pour dessiner encore plus votre ventre, vos cuisses et vos fessiers !

Mes sports : renfo ciblé bas du corps, abdos, cardio, HIIT, pilates, yoga.

Je suis un 8

Conseils training : continuez le combo renfo-cardio full body pour continuer à vous affiner autant sur le haut que sur le bas du corps.

Mes sports : renfo, cardio full body, HIIT, pilates, yoga.

Mon tracker shape de rêve

Voyons la suite de votre évolution durant ce 3e mois ! À chaque challenge training, food et motivation relevé, coloriez la case de la couleur de votre choix. Si vous ne relevez qu'à moitié votre challenge, ne coloriez que la demi-case, et si votre efficacité du jour est de zéro, ne la coloriez pas du tout. Si le 2e mois était presque un sans-faute, restez sur cette motivation avec pour objectif de faire un sans-faute ce mois-ci ! Si, au contraire, le mois dernier était irrégulier, votre objectif de ce 3e mois est de maintenir une belle régularité. *Let's go* !

	1	2	3	4	5	6	7	8	9	10	11	12

Objectif atteint !

Objectif presque atteint

Objectif non atteint

13	14	15	16	17	18	19	20	21	22	23	24	25	26	27	28	29	30	31

Semaine 9

Mon agenda

Restez organisée ! Continuez de noter chaque jour et chaque semaine les trainings et les challenges prévus, vos menus, les courses dont vous avez besoin, vos obligations pro et perso (rendez-vous, réunions…), et vos petits moments à vous !

LUNDI

....

....

....

Menus

Courses

- [ ] ....
- [ ] ....
- [ ] ....
- [ ] ....

MARDI

....

....

....

Menus

Courses

- [ ] ....
- [ ] ....
- [ ] ....
- [ ] ....

Menus

Courses

- [ ] ....
- [ ] ....
- [ ] ....
- [ ] ....

....

....

....

MERCREDI

Menus

Courses

- [ ] ....
- [ ] ....
- [ ] ....
- [ ] ....

....

....

....

JEUDI

VENDREDI

Menus

Courses

SAMEDI

Menus

Courses

DIMANCHE

Menus

Courses

NOTES

MON MEAL PREP

Pour garder la ligne et booster vos résultats, continuez de prévoir vos meal prep ! Faites vos courses à l'avance et n'achetez que ce qui est prévu dans vos menus. Préparez vos repas healthy le week-end ou prédécoupez vos légumes, puis congelez le tout afin d'avoir juste à les cuire ou à les réchauffer en rentrant du travail !

	Je prépare pour .... (plat)	☐ .... ☐ .... ☐ ....
	Je prépare pour .... (plat)	☐ .... ☐ .... ☐ ....

LUNDI

FOOD

Gaufres salées à la farine de châtaigne (8-9 pièces environ)

Mélangez 100 g de farine de châtaigne, 130 g de farine de riz, 20 g de fécule de maïs, 1 sachet de levure, une pincée de sel et une pincée de poivre. Mélangez par ailleurs 5 cl d'huile de colza, 180 cl de lait d'amande et 13 cl d'eau. Amalgamez les deux préparations. Ajoutez 1 gousse d'ail écrasée, une poignée de ciboulette ciselée et des épices (curry, cumin ou curcuma…). Laissez reposer 30 à 40 min au frais avant de cuire les gaufres !

RITUEL FEEL GOOD

Smile !

Lorsqu'on sourit, l'organisme sécrète des endorphines (hormones du bien-être) qui procurent une sensation de joie et d'euphorie, un booster naturel ! Tous les matins, avant de partir travailler, placez-vous face à une glace et pensez à des choses qui vous donnent le sourire. 1… 2… 3… Smile !

TRAINING

HIIT full body

- Tirages + kick back avec haltères
- Jump squats avec haltères
- Jumping jacks
- Gainage + tirages avec haltères
- Fentes jumpées à droite
- Fentes jumpées à gauche
- Pompes

COACHING

Mo-ti-vée ! Vous voilà sur la dernière ligne droite ! Lorsque vous regardez votre parcours, vous vous rendez compte que vous avez fait un sacré bout de chemin… et vous ne comptez pas en rester là ! En enfilant votre tenue aujourd'hui, sentez cette force qui vous tire vers le haut et vous donne la capacité de soulever des montagnes.

MES TRACKERS

Challenge végétarien	☐☐☐☐☐☐☐☐ ☺
Repas équilibré	☐☐☐☐☐☐☐☐ ☺
Training fait	☐☐☐☐☐☐☐☐ ☺

Niveau	TEMPS DE TRAVAIL	TEMPS DE RÉCUP	TOURS ET TEMPS DE RÉCUP ENTRE 2 TOURS
Débutant	20 s	15 s	2 ou 3 tours 1 min 30 s
Intermédiaire	30 s	15 s	3 ou 4 tours 1 min 15 s
Avancé	45 s	15 s	4 ou 5 tours 1 min

MON JOURNAL DE TRAINING

Comment j'ai réussi ma séance ? (ressenti musculaire, difficultés…)

....

....

....

....

....

Évaluez votre réussite en coloriant le thermomètre.

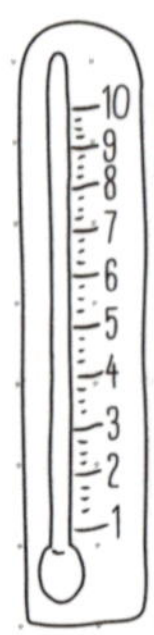

MARDI

TRAINING

Pilates spécial ventre plat

- One leg circles : 5 cercles dans un sens, puis dans l'autre, sur les 2 jambes
- Single leg stretch : 10 répétitions alternées
- Double leg stretch : 6 répétitions

RITUEL FEEL GOOD

S'accepter telle que l'on est en prenant soin de soi

Ce n'est pas être égoïste ! En vous donnant du temps, vous serez plus disponible pour les autres. Ressourcez-vous en prenant un bain avec des HE d'ylang-ylang, dépensez-vous lors d'un training et soyez toujours fière de vous à la fin de votre séance. Bref, faites-vous du bien !

FOOD

Brochettes exotiques de tofu (de 6 à 8 brochettes)

Faites mariner 250 g de tofu coupé en dés dans un bol avec 2 c. à s. de sauce soja sucrée, le jus d'un citron, 1 c. à c. de graines de sésame et une pincée de curcuma. En parallèle, coupez 1 poivron, 1 mangue et 1 oignon rouge en dés. Formez les brochettes en alternant tofu, mangue, poivron et oignon rouge. Faites-les cuire ensuite à la poêle.

COACHING

Je souffre en séance !

Ouille, c'est plus dur que ce que vous pensiez ? Eh oui, l'intensité a doublé ! Si nécessaire, ralentissez le rythme afin d'aller jusqu'au bout de vos séances plutôt que de vous arrêter. Réduisez le temps de travail de 10 à 15 s. Petit à petit, vous rajouterez ensuite 5 s de travail.

NOTES

-
-
-
-
-
-
-

MES TRACKERS

Challenge végétarien

Repas équilibré

Training fait

MON JOURNAL DE TRAINING

Comment j'ai réussi ma séance ? (ressenti musculaire, difficultés…)

Évaluez votre réussite en coloriant le thermomètre.

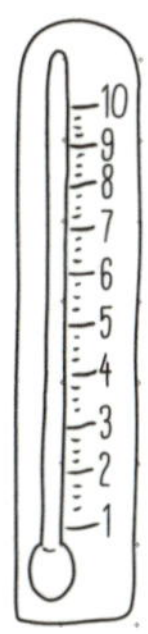

MERCREDI

FOOD

Carrot cake sans gluten

Cassez 2 œufs et mélangez-les à 60 g de sucre de coco et une pincée de sel jusqu'à ce que les œufs blanchissent. Ajoutez 250 g de carottes râpées, 20 g de poudre d'amandes, 100 g de farine de riz complète, 1 sachet de levure sans gluten, 2 c. à s. d'huile de noix, 1 c. à c. de cannelle, 1 de gingembre et 1 de noix de muscade. Enfournez dans un plat à cake environ 30 min à 180 °C.

RITUEL FEEL GOOD

Mon rituel beauty

Chaque semaine, bloquez un créneau rien que pour vous sublimer : manucure pour mettre en avant vos belles mains, pédicure (avoir de jolies couleurs aux pieds, ça booste le moral), soin du corps ou gommage pour rendre votre peau toute douce… ça booste la confiance en soi !

TRAINING

Challenge cardio : tuck jumps

L'objectif est de tenir le plus longtemps possible. Chrono en main… prête ? *Let's go* ! Notez votre temps.

COACHING

J'ai encore plus de courbatures qu'hier !

C'est horrible… mais tout à fait normal, l'intensité a doublé, et votre corps a besoin de plus de temps pour s'adapter. Adoptez ce petit rituel pour optimiser votre récupération : en fin de séance, pratiquez quelques étirements pour augmenter la vascularisation et, après la douche, terminez avec un jet d'eau froide. Massez-vous à l'huile d'arnica si les douleurs persistent.

♡ MES TRACKERS ♡

Challenge végétarien ☐☐☐☐☐☐☐☐ ☺

Repas équilibré ☐☐☐☐☐☐☐☐ ☺

Training fait ☐☐☐☐☐☐☐☐ ☺

NOTES

-
-
-
-
-
-
-

MON JOURNAL DE TRAINING

Comment j'ai réussi ma séance ? (ressenti musculaire, difficultés…)

....

....

....

....

....

Évaluez votre réussite en coloriant le thermomètre.

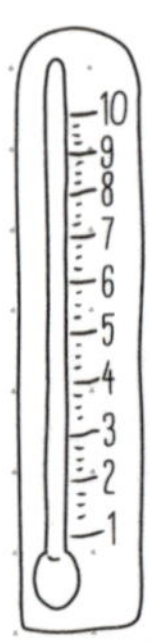

JEUDI

FOOD

Milk-shake veggie au chocolat (1 à 2 portions)

Mixez 1 banane mûre avec 20 cl de lait d'amande sans sucre ajouté et 1 c. à c. de cacao maigre. Ajoutez éventuellement 1 c. à c. de sirop d'agave. Ce milk-shake peut être dégusté en collation pré-training ou le matin, en ajoutant 2 c. à s. de flocons d'avoine.

TRAINING

Yoga dynamique

- La sauterelle : 5 profondes respirations
- Le bateau : 5 profondes respirations
- Le pont (ou demi-pont) : 5 profondes respirations

COACHING

Les courbatures persistent !

Difficile de vous entraîner avec vos courbatures ? C'est normal ! Quand on a des courbatures, on manque d'amplitude dans nos mouvements, mais surtout de force. Dans ce cas, réduisez vos charges sur certains exercices ou bien faites sans ! Si cela ne suffit pas, ralentissez le rythme, cela vous permettra de rester en mouvement tout en brûlant des calories quoi qu'il arrive.

RITUEL FEEL GOOD

DIY : masque coup d'éclat naturel et veggie

Si votre peau est fatiguée : mélangez 15 cl d'eau chaude avec 1 poignée de flocons d'avoine (pour la vitamine B, aux propriétés adoucissantes) ; laissez-les gonfler, puis ajoutez 2 c. à s. de yaourt végétal enrichi en calcium (pour le renouvellement des cellules). Appliquez, laissez poser 15 min sur votre visage et rincez avec un gant tout doux imbibé d'eau tiède.

NOTES

-
-
-
-
-
-
-

MES TRACKERS

Challenge végétarien

Repas équilibré

Training fait

MON JOURNAL DE TRAINING

Comment j'ai réussi ma séance ? (ressenti musculaire, difficultés…)

Évaluez votre réussite en coloriant le thermomètre.

VENDREDI

FOOD

Burger veggie (4 pers.)

À la poêle, faites suer dans un filet d'huile d'olive 1 oignon et 1 gousse d'ail hachés. Ajoutez 200 g de lentilles cuites et mélangez, puis 2 c. à s. de concentré de tomates, 2 c. à s. de farine de quinoa et 1 c. à c. d'épices mexicaines. Remuez pendant 3 min sur feu moyen. Dans un blender, mixez les trois quarts des lentilles, puis mélangez lentilles mixées et non mixées. Formez 4 steaks, que vous ferez cuire 5 min à la poêle. Créez votre burger : pain, légumes, cornichons, sauces et steak de lentilles !

RITUEL FEEL GOOD

La chandelle contre le mur

Elle permet de calmer le système nerveux, de réguler la pression sanguine. Allongez-vous sur le dos, fesses et jambes tendues levées contre le mur. Placez les bras en croix de chaque côté de votre buste et restez dans cette position, les yeux fermés, le temps de 5 profondes respirations. Relâchez toutes les tensions.

TRAINING

HIIT full body

- Thrusters
- Sumo deadlift high pull
- Jumping jacks
- Dips
- Sit up
- Fentes jumpées à droite
- Fentes jumpées à gauche

COACHING

Je me sens déjà mieux !

Le corps s'adapte doucement mais sûrement ! Même si vous avez dû ralentir un peu le rythme en début de semaine, vous vous sentez plus tonique maintenant et votre shape se dessine un peu plus ! Ça vous booste pour la suite !

♡ MES TRACKERS ♡

Challenge végétarien ☐☐☐☐☐☐☐☐ ☺

Repas équilibré ☐☐☐☐☐☐☐☐ ☺

Training fait ☐☐☐☐☐☐☐☐ ☺

Niveau	TEMPS DE TRAVAIL	TEMPS DE RÉCUP	TOURS ET TEMPS DE RÉCUP ENTRE 2 TOURS
Débutant	20 s	15 s	• 2 ou 3 tours • 1 min 30 s
Intermédiaire	30 s	15 s	• 3 ou 4 tours • 1 min 15 s
Avancé	45 s	15 s	• 4 ou 5 tours • 1 min

MON JOURNAL DE TRAINING

Comment j'ai réussi ma séance ? (ressenti musculaire, difficultés…)

....

....

....

....

....

Évaluez votre réussite en coloriant le thermomètre.

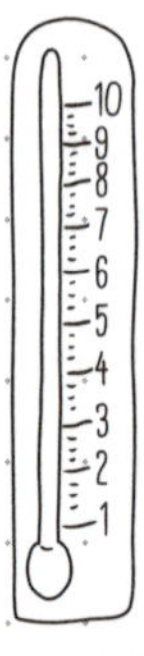

SAMEDI

TRAINING

Challenge renfo : crunch rameur

Pour un ventre tonique! L'objectif est de faire un maximum de rep sur 1 min. Chrono en main… prête? *Let's go*! Notez le nombre de répétitions.

COACHING

Grosse flemme!

En cette fin de semaine, vous avez juste envie de vous affaler devant un plateau-repas? Faites plutôt jouer votre mental de warrior; vous profiterez de votre sofa après avoir brûlé des calories.

FOOD

Seitan maison

Faites chauffer 1 c. à s. de bouillon de légumes, 25 cl d'eau et 1 c. à s. de concentré de tomates. Mélangez 100 g de gluten de blé et 1 c. à s. de levure maltée, puis incorporez peu à peu le bouillon jusqu'à obtenir une pâte compacte. Façonnez-la en gros boudin, coupez 5 tranches et faites-les cuire 40 min dans du bouillon + 1 c. à c. de concentré de tomates + 1 c. à c. d'oignon en poudre + 1 c. à c. d'ail en poudre + 1 c. à s. de sauce soja salée.

RITUEL FEEL GOOD

La posture du palmier self confidence

Debout, pieds écartés à la largeur du bassin, mains jointes devant la poitrine, inspirez. Retenez votre respiration en montant sur la pointe des pieds, talons l'un contre l'autre. Levez les bras, paumes de face et pouces connectés. Écartez les doigts. Ouvrez la poitrine et contractez cuisses et fessiers. Expirez, pliez les genoux et retenez votre souffle 10 s. Inspirez, remontez et relâchez. À faire 3 fois.

NOTES

- ______________________
- ______________________
- ______________________
- ______________________
- ______________________
- ______________________
- ______________________

MES TRACKERS

Challenge végétarien	☐☐☐☐☐☐☐☐☐ ☺
Repas équilibré	☐☐☐☐☐☐☐☐☐ ☺
Training fait	☐☐☐☐☐☐☐☐☐ ☺

MON JOURNAL DE TRAINING

Comment j'ai réussi ma séance ? (ressenti musculaire, difficultés…)

....

....

....

....

....

Évaluez votre réussite en coloriant le thermomètre.

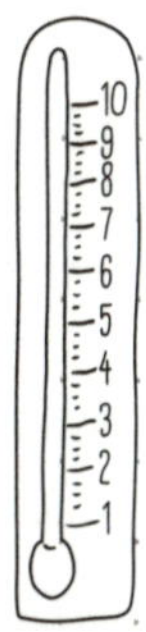

DIMANCHE

COACHING

Well done !

Ce changement d'intensité n'a pas été facile à gérer, mais vous voyez la différence avec vos débuts : votre mental n'est plus le même ! Vous avez pu surmonter les moments de faiblesse où vous aviez envie de lâcher. Pour vous booster encore plus, achetez une petite tenue estivale dans laquelle vous serez fière de montrer votre sexy body une fois la chaleur de retour !

TRAINING

Sortie cardio longue

Running, vélo ou piscine à un rythme modéré... go ! Si vous débutez, votre objectif est de tenir 42 min, au niveau intermédiaire, ça sera 1 h 3, et pour les confirmées, 1 h 17 !

FOOD

Mes meal prep pour la semaine

C'est dimanche, faites vos meal prep pour le début de semaine : **lundi,** brochettes de tempeh mariné à la sauce aigre douce • **mardi,** bruschetta de seitan grillé aux tomates et aux graines germées • **mercredi,** riz sauvage sauté aux légumes et aux pois chiches...

RITUEL FEEL GOOD

Je m'#EgoBooste !

Sur une feuille, énumérez 7 choses que vous aimez chez vous. Chaque jour de la semaine correspond à un chiffre : si en 1 vous avez noté « j'aime mon corps », alors tous les lundis devant la glace, vous répéterez 4 fois « J'aime mon corps » avec conviction, et ainsi de suite les 6 autres jours !

MES TRACKERS

Challenge végétarien	☐☐☐☐☐☐☐☐ ☺
Repas équilibré	☐☐☐☐☐☐☐☐ ☺
Training fait	☐☐☐☐☐☐☐☐ ☺

NOTES

- ______
- ______
- ______
- ______
- ______
- ______
- ______

MON JOURNAL DE TRAINING

Comment j'ai réussi ma séance ? (ressenti musculaire, difficultés...)

....

....

....

....

....

Évaluez votre réussite en coloriant le thermomètre.

10 9 8 7 6 5 4 3 2 1

Mon bilan de la semaine 9

Mes victoires

....
....
....
....
....
....
....

Mes petits échecs

....
....
....
....
....
....
....

Niveau bien-être, comment je me suis sentie ?

....
....
....
....
....
....
....

Comment je me suis sentie sur les séances ?

Coloriez ce diagramme bâton selon votre ressenti de difficulté par type de séance.

	HAUT DU CORPS	BAS DU CORPS	CHALLENGE RENFO	CHALLENGE CARDIO
Dur, impossible même !				
Dur, mais je me suis dépassée				
Dur, mais ça passe				
J'ai géré				
J'ai réussi facilement				

Comment j'ai réussi mon rééquilibrage alimentaire ?

PEUT MIEUX FAIRE ! ☆ ☆ ☆ ☆ ☆ ☆ ☆ ☆ ☆ ☆ AU TOP !

Ce qui m'a aidée à mieux gérer

....
....
....
....
....

Ce qui a été compliqué

....
....
....
....
....

Ce que je peux faire la semaine prochaine pour progresser

....
....
....
....
....

Cette semaine, on peut dire que vous avez vu rouge ! Avec cette nouvelle intensité, votre fréquence cardiaque est montée en flèche. Il va vous falloir plus de temps pour que le corps et les muscles s'adaptent à cette nouvelle intensité. Si, parfois, vous vous sentez dépassée par ce rythme soutenu, n'abandonnez pas en cours de séance. Réduisez le temps de travail pour chaque exercice. Mieux vaut un temps de travail plus court et une intensité toujours élevée, c'est le but du HIIT. En route pour la semaine 10 !

Semaine 10

Mon agenda

Restez organisée ! Continuez de noter chaque jour et chaque semaine les trainings et les challenges prévus, vos menus, les courses dont vous avez besoin, vos obligations pro et perso (rendez-vous, réunions...), et vos petits moments à vous !

LUNDI

Menus

Courses

MARDI

Menus

Courses

Menus

Courses

MERCREDI

Menus

Courses

JEUDI

VENDREDI

Menus

Courses

SAMEDI

Menus

Courses

Menus

Courses

DIMANCHE

NOTES

Mon meal prep

Pour garder la ligne et booster vos résultats, continuez de prévoir vos meal prep ! Faites vos courses à l'avance et n'achetez que ce qui est prévu dans vos menus. Préparez vos repas healthy le week-end ou prédécoupez vos légumes, puis congelez le tout afin d'avoir juste à les cuire ou à les réchauffer en rentrant du travail !

Je prépare pour

(plat)

Je prépare pour

(plat)

LUNDI

RITUEL FEEL GOOD

Massez votre point de confiance !

Ce point d'acupuncture se trouve à la jointure entre le pouce et l'index. À l'aide de votre pouce droit, massez ce point à gauche avec des mouvements circulaires dans le sens des aiguilles d'une montre, une dizaine de fois. Répétez ce geste le même nombre de fois sur la main droite. Reproduisez-le autant de fois que nécessaire pour vous redonner confiance !

TRAINING

HIIT full body

- Sumo deadlift high pull
- Jump squats avec haltères
- Burpees
- Tirages + kick back avec haltères
- Jumping jacks
- Pompes
- Sit up

FOOD

Sauce pour salades (2-3 pers)

Dans un bol, mélangez 3 c. à s. de tahin, 1,5 c. à c. de pâte miso et 1 c. à s. de jus de citron jusqu'à obtenir un mélange homogène. Incorporez un peu d'eau tiède : la sauce doit être crémeuse. Variantes : ajoutez 1 gousse d'ail réduite en purée, ou 1 c. à c. de sirop d'agave, ou du curcuma, du curry ou du cumin.

COACHING

Quel changement !

Reprenez les différentes photos que vous aviez prises avant d'entamer ce programme. Regardez-vous dans le miroir ce matin et comparez ! Le changement est flagrant, non ? Ça #EgoBooste et motive à fond pour cette nouvelle semaine ! Ne lâchez rien, vous n'allez pas tarder à voir la ligne d'arrivée.

♡ MES TRACKERS ♡

Challenge végétarien

Repas équilibré

Training fait

Niveau	TEMPS DE TRAVAIL	TEMPS DE RÉCUP	TOURS ET TEMPS DE RÉCUP ENTRE 2 TOURS
Débutant	20 s	15 s	• 2 ou 3 tours • 1 min 30 s
Intermédiaire	30 s	15 s	• 3 ou 4 tours • 1 min 15 s
Avancé	45 s	15 s	• 4 ou 5 tours • 1 min

MON JOURNAL DE TRAINING

Comment j'ai réussi ma séance ? (ressenti musculaire, difficultés…)

Évaluez votre réussite en coloriant le thermomètre.

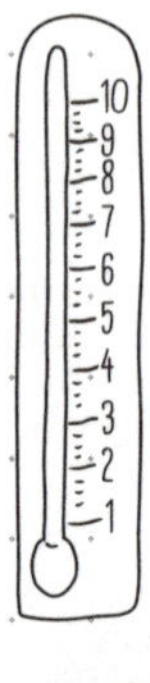

MARDI

COACHING

J'ai un regain d'énergie !

Votre corps commence à s'habituer, mais restez à son écoute et ne vous laissez pas emporter par ce trop-plein d'énergie, vous risqueriez le retour de bâton demain ! Conservez un sommeil réparateur, une alimentation équilibrée et une hydratation régulière.

TRAINING

Pilates ventre plat

- Scissors : 10 répétitions dynamiques alternées
- Lower and lift : 5 ou 6 répétitions
- Leg pull front : 5 respirations profondes

RITUEL FEEL GOOD

Guerrier 1 egoboost

Debout, pieds écartés à la largeur du bassin, reculez le pied gauche, jambe tendue, en orientant le pied vers l'extérieur (45°), talon ancré au sol. La jambe droite est pliée à 90°, et le genou, au-dessus du talon. Engagez fortement les abdominaux. Levez les bras, mains jointes, poussez les hanches légèrement vers l'avant et ouvrez la poitrine. Regardez en direction de vos pouces et restez le temps de 5 respirations. Recommencez de l'autre côté.

FOOD

Tofu à la basquaise (4 pers.)

Faites sauter 400 g de tofu en petits dés avec un peu d'huile d'olive et une pincée de sel. Faites fondre 4 gousses d'ail et 2 oignons émincés avec un filet d'huile. Ajoutez 2 poivrons rouges et 2 verts en lamelles, 3 tomates pelées concassées et 1 c. à c. de paprika. Laissez cuire 20 min. Ajoutez le tofu et laissez cuire encore 20 min. Servez avec du riz sauvage ou du quinoa.

NOTES

- ____________________
- ____________________
- ____________________
- ____________________
- ____________________
- ____________________
- ____________________

MES TRACKERS

Challenge végétarien ☐☐☐☐☐☐☐☐ ☺

Repas équilibré ☐☐☐☐☐☐☐☐ ☺

Training fait ☐☐☐☐☐☐☐☐ ☺

MON JOURNAL DE TRAINING

Comment j'ai réussi ma séance ? (ressenti musculaire, difficultés…)

....

....

....

....

....

Évaluez votre réussite en coloriant le thermomètre.

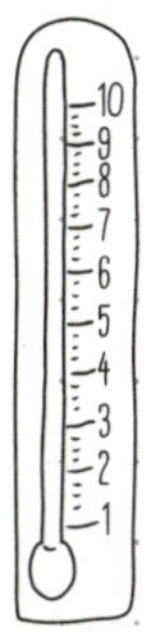

MERCREDI

FOOD

Je teste les algues, riches en protéines !

Colorez vos assiettes en utilisant des algues qui vous apporteront le plein de fibres, de vitamines, de minéraux, de bons acides gras essentiels et de protéines : spiruline, klamath, nori, haricot de mer, laitue de mer, wakame, kombu, dulse ou agar-agar… À ajouter à vos salades, à vos plats veggie et même à vos desserts !

RITUEL FEEL GOOD

Ritual diary positif !

Sur une feuille, listez tout ce que vous avez accompli jusqu'à présent, que ce soit personnel ou professionnel. Mettez en avant tous les jours vos victoires, de la plus importante à la plus minime. N'arrêtez jamais d'alimenter cette liste. Plus vos accomplissements quotidiens seront nombreux, plus votre confiance en vous grandira !

TRAINING

Challenge cardio : iceman

L'objectif est de tenir le plus longtemps possible. Option : si vous avez des problèmes de genoux, remplacez cet exercice par des fentes latérales alternées. Notez votre temps.

COACHING

C'est dur aujourd'hui !

Vous y êtes peut-être allée un peu trop fort hier, ou peut-être avez-vous eu une journée stressante au travail… Pour autant, ne zappez pas votre training, mais adaptez le rythme à votre degré de fatigue, soit en baissant la vitesse d'exécution des exercices, soit en augmentant le temps de récupération de 10 à 15 s entre les tours, voire entre les exercices.

MES TRACKERS

Challenge végétarien ☐☐☐☐☐☐☐☐ ☺

Repas équilibré ☐☐☐☐☐☐☐☐ ☺

Training fait ☐☐☐☐☐☐☐☐ ☺

NOTES

- ……………………
- ……………………
- ……………………
- ……………………
- ……………………
- ……………………
- ……………………

MON JOURNAL DE TRAINING

Comment j'ai réussi ma séance ? (ressenti musculaire, difficultés…)

………………………………………………

………………………………………………

………………………………………………

………………………………………………

………………………………………………

Évaluez votre réussite en coloriant le thermomètre.

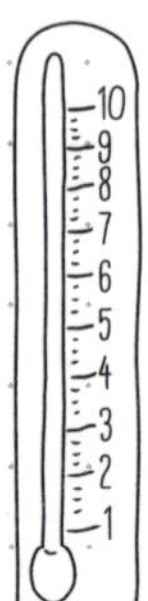

JEUDI

TRAINING

Yoga dynamique

- L'angle puissant : 5 respirations profondes
- Le danseur : 5 respirations profondes sur chaque jambe
- La chaise : 5 respirations profondes

RITUEL FEEL GOOD

Mon maquillage self-confidence booster

Appliquez une crème hydratante et repulpante afin de réactiver la circulation et de raviver le teint. Pour ce dernier, utilisez un highlighter et ciblez le milieu du front, le nez et le menton, les yeux et les pommettes. Dessinez vos lèvres en appliquant la matière du rouge directement au doigt pour un rendu pulpeux !

FOOD

Smoothie bowl à la myrtille (1 bol)

Dans un blender, coupez une banane en rondelles et gardez-en 3 fines pour la déco. Ajoutez 80 g de myrtilles et 15 cl de lait d'amande, puis mixez. Si vous souhaitez sucrer un peu plus, ajoutez 1 c. à c. de sirop d'agave. Versez le smoothie dans un joli bol, ajoutez au milieu les trois rondelles de banane superposées en arc-de-cercle, quelques brisures de pistache et quelques myrtilles entières.

COACHING

Bad mood today !

Ça arrive, et le plus dur est de se remotiver ! Lancez-vous un challenge que vous serez obligée de relever : celui de faire votre training et de le finir. Quand le moral est dans les chaussettes, rien de tel qu'une bonne playlist qui redonne la pêche, et c'est parti !

NOTES

- ______________________
- ______________________
- ______________________
- ______________________
- ______________________
- ______________________
- ______________________

MES TRACKERS

Challenge végétarien									
Repas équilibré									
Training fait									

MON JOURNAL DE TRAINING

Comment j'ai réussi ma séance ? (ressenti musculaire, difficultés…)

....

....

....

....

....

Évaluez votre réussite en coloriant le thermomètre.

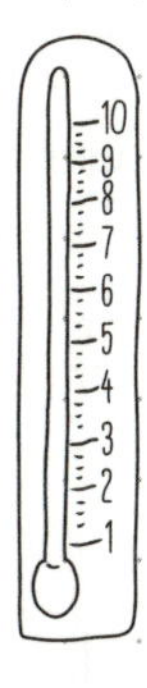

VENDREDI

RITUEL FEEL GOOD

Happy baby

Allongée sur le dos, pliez vos genoux vers la poitrine et attrapez l'extérieur de vos pieds ou vos chevilles avec les mains. Ouvrez vos jambes plus larges que la poitrine, puis poussez vos genoux vers le sol afin d'ouvrir le plus possible les hanches. Relâchez les tensions et allongez votre colonne vertébrale. Restez sur 10 profondes respirations.

TRAINING

HIIT full body

- Jumping jacks
- Gainage + tirages avec haltères
- Sit up
- Burpees
- Jump squats
- Sumo deadlift high pull
- Thrusters

FOOD

Mon verre de jus good vibes

Lavez 2 carottes, 1 pomme, 1 branche de céleri et 1 citron. Épluchez-les et coupez-les en morceaux. Ajoutez des morceaux de gingembre. Si vous avez un extracteur de jus, récoltez le jus de ces fruits et légumes. Sinon, utilisez une centrifugeuse, ou encore un blender.

COACHING

Je gère trop !

Vous connaissez de mieux en mieux votre corps, vous savez gérer les coups de mou ou de fatigue, et votre shape se dessine de plus en plus. Poursuivez vos efforts et obligez-vous à sortir de votre zone de confort sur chaque training, vous augmenterez votre pouvoir d'atteindre les objectifs que vous vous êtes fixés au début de ce programme.

♡ MES TRACKERS ♡

Challenge végétarien

Repas équilibré

Training fait

Niveau	TEMPS DE TRAVAIL	TEMPS DE RÉCUP	TOURS ET TEMPS DE RÉCUP ENTRE 2 TOURS
Débutant	20 s	15 s	• 2 ou 3 tours • 1 min 30 s
Intermédiaire	30 s	15 s	• 3 ou 4 tours • 1 min 15 s
Avancé	45 s	15 s	• 4 ou 5 tours • 1 min

MON JOURNAL DE TRAINING

Comment j'ai réussi ma séance ? (ressenti musculaire, difficultés…)

Évaluez votre réussite en coloriant le thermomètre.

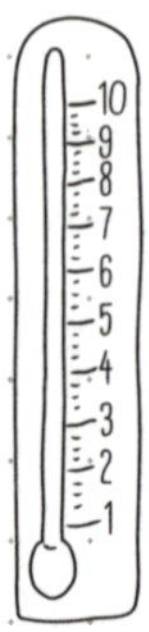

SAMEDI

TRAINING

Challenge renfo : superman avec haltères

Pour un dos et des bras dessinés ! L'objectif est de faire un maximum de répétitions sur 1 min. Option : si l'exercice est trop difficile, faites-le sans haltères. Notez votre résultat.

RITUEL FEEL GOOD

Je teste le body painting !

Cela consiste à se faire peindre sur tout le corps. Le painting ne dure qu'un jour. Faites confiance au body painter et demandez-lui de mettre en valeur votre corps. Il peut faire vivre un personnage, une émotion, une idée… Vous êtes belle, vous êtes sexy et vous l'assumez !

FOOD

Buddha bowl quinoa-pois chiches épicés (4 pers.)

Dans un filet d'huile d'olive, poêlez durant 15 min 420 g de pois chiches cuits, 1 c. à s. de paprika fumé, une pincée de sel et une de poivre. Répartissez dans 4 bols un mélange de jeunes pousses, puis 5 c. à s. de quinoa cuit sur la moitié gauche et, sur la droite, 4 c. à s. de pois chiches épicés, une poignée de chou rouge en lanières et quelques lamelles d'avocat. Agrémentez de sauce salade veggie (voir p. 178) et de graines de sésame.

COACHING

Je me sculpte !

À 2 semaines de la fin de ce programme, vous voyez votre body se dessiner avec plus de précision encore ! Votre famille et vos amis vous le font remarquer, et cela vous booste encore plus. Votre confiance en vous monte en flèche, et votre motivation aussi !

NOTES

- ______
- ______
- ______
- ______
- ______
- ______
- ______

MES TRACKERS

Challenge végétarien									☺
Repas équilibré									☺
Training fait									☺

MON JOURNAL DE TRAINING

Comment j'ai réussi ma séance ? (ressenti musculaire, difficultés…)

....

....

....

....

....

Évaluez votre réussite en coloriant le thermomètre.

10 9 8 7 6 5 4 3 2 1

DIMANCHE

RITUEL FEEL GOOD

Sublimer vos yeux selon leur couleur !

Choisissez toujours les couleurs opposées à celles de vos yeux. Elles correspondent aux couleurs complémentaires de votre iris : abricot, cuivré, doré, marron, pêche, corail, rose pour les yeux bleus ; bordeaux, cuivré, brun, marron taupe pour les yeux verts et les peaux mates, ou rose, mauve, prune pour les teints clairs ; doré, cuivré, beige, taupe, vert, violine pour les yeux marron.

TRAINING

Sortie cardio longue

On continue le running, le vélo ou la piscine à un rythme modéré : 45 min pour les challengeuses en devenir, 1 h 05 pour celles du niveau intermédiaire et 1 h 20 pour les confirmées !

FOOD

Je mange veggie, même au restaurant !

Ce soir, c'est resto ! Pas question de faire une entorse à votre challenge d'un mois en mode veggie ! Demandez au serveur si le chef peut vous faire un mélange de légumes, de céréales et de légumineuses. Lorsque c'est demandé gentiment et avec le sourire, tout est possible !

COACHING

Je deviens source de motivation !

Grâce à votre expérience, c'est vous qui motivez votre famille et vos amis à s'entraîner avec vous ! Vous êtes devenue un vrai modèle pour eux. En voyant les résultats que vous avez obtenus, les regards émerveillés de vos proches vous boostent pour finir cette dernière ligne droite en mode queen !

MES TRACKERS

Challenge végétarien	☐☐☐☐☐☐☐☐ ☺
Repas équilibré	☐☐☐☐☐☐☐☐ ☺
Training fait	☐☐☐☐☐☐☐☐ ☺

NOTES

-
-
-
-
-
-
-

MON JOURNAL DE TRAINING

Comment j'ai réussi ma séance ? (ressenti musculaire, difficultés…)

....

....

....

....

....

Évaluez votre réussite en coloriant le thermomètre.

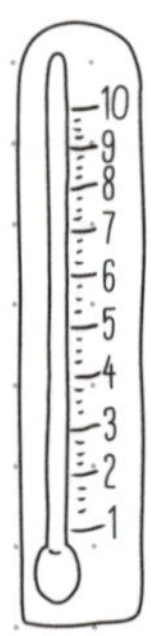

Mon bilan de la semaine 10

Mes victoires

....
....
....
....
....
....
....

Mes petits échecs

....
....
....
....
....
....
....

Niveau bien-être, comment je me suis sentie ?

....
....
....
....
....
....
....

Comment je me suis sentie sur les séances ?

Coloriez ce diagramme bâton selon votre ressenti de difficulté par type de séance.

	HAUT DU CORPS	BAS DU CORPS	CHALLENGE RENFO	CHALLENGE CARDIO
Dur, impossible même !				
Dur, mais je me suis dépassée				
Dur, mais ça passe				
J'ai géré				
J'ai réussi facilement				

Comment j'ai réussi mon rééquilibrage alimentaire ? PEUT MIEUX FAIRE ! ☆ ☆ ☆ ☆ ☆ ☆ ☆ ☆ ☆ ☆ AU TOP !

Ce qui m'a aidée à mieux gérer

....
....
....
....
....

Ce qui a été compliqué

....
....
....
....
....

Ce que je peux faire la semaine prochaine pour progresser

....
....
....
....
....

Encore une semaine bien intense en trainings et en émotions ! Le point positif, c'est que vous vous sentez bien mieux niveau condition physique par rapport à vos débuts, même si les séances ne sont pas plus faciles pour autant ! Votre cardio s'est lui aussi bien amélioré. Le dernier tour reste toujours plus difficile, mais, mentalement, vous êtes devenue plus forte et c'est ce qui vous permet de tenir vos trainings jusqu'au bout ! *Next week, please* !

Semaine 11

Mon agenda

Restez organisée ! Continuez de noter chaque jour et chaque semaine les trainings et les challenges prévus, vos menus, les courses dont vous avez besoin, vos obligations pro et perso (rendez-vous, réunions…), et vos petits moments à vous !

LUNDI

Menus

Courses

MARDI

Menus

Courses

MERCREDI

Menus

Courses

JEUDI

Menus

Courses

VENDREDI

Menus

Courses

SAMEDI

Menus

Courses

Menus

Courses

DIMANCHE

NOTES

MON MEAL PREP

Pour garder la ligne et booster vos résultats, continuez de prévoir vos meal prep ! Faites vos courses à l'avance et n'achetez que ce qui est prévu dans vos menus. Préparez vos repas healthy le week-end ou prédécoupez vos légumes, puis congelez le tout afin d'avoir juste à les cuire ou à les réchauffer en rentrant du travail !

	Je prépare pour .... (plat)	
	Je prépare pour .... (plat)	

LUNDI

RITUEL FEEL GOOD

J'accepte de ne pas être parfaite

Personne n'est parfait ! Cessez cette quête de perfection qui peut mener à un mal-être au quotidien. Arrêtez de vous comparer aux autres pour créer votre propre univers et évoluer à votre manière ! Reconnaissez vos forces et vos talents en les listant et les répétant à haute voix. Concentrez-vous sur ce qui vous rend heureuse !

TRAINING

HIIT full body

- Fentes jumpées à droite
- Fentes jumpées à gauche
- Pompes
- Jumping jacks
- Burpees
- Sumo deadlift high pull
- Sit up

FOOD

Je fais une cure de spiruline

Cette petite algue est un véritable concentré en vitamines, en minéraux et en oligoéléments. On la trouve dans le commerce sous forme de comprimés, de gélules, mais aussi de poudre à ajouter à votre alimentation (jus, smoothie, açaï bowl, milk-shake, soupes, salades…). De 1 à 3 c. à c. par jour suffiront pour un mois de cure.

COACHING

Je positive !

C'est lundi ! Vous vous levez du bon pied et prenez un moment pour vous afin de faire le plein d'énergie pour cette nouvelle semaine qui vous attend. Préparez-vous mentalement à l'affronter de façon positive. Répétez-vous que vous allez tout déchirer, que vous ne lâcherez rien sur vos trainings. Ces résultats, vous les voulez et vous les aurez ! #HappyMonday !

MES TRACKERS

Challenge végétarien ☐☐☐☐☐☐☐☐☐☐ ☺

Repas équilibré ☐☐☐☐☐☐☐☐☐☐ ☺

Training fait ☐☐☐☐☐☐☐☐☐☐ ☺

Niveau	TEMPS DE TRAVAIL	TEMPS DE RÉCUP	TOURS ET TEMPS DE RÉCUP ENTRE 2 TOURS
Débutant	20 s	15 s	• 2 ou 3 tours • 1 min 30 s
Intermédiaire	30 s	15 s	• 3 ou 4 tours • 1 min 15 s
Avancé	45 s	15 s	• 4 ou 5 tours • 1 min

MON JOURNAL DE TRAINING

Comment j'ai réussi ma séance ? (ressenti musculaire, difficultés…)

....

....

....

....

....

Évaluez votre réussite en coloriant le thermomètre.

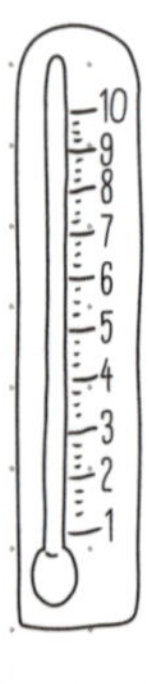

MARDI

FOOD

Milk-shake veggie chocolat-beurre de cacahuète (2 pers.)

Dans un blender, mixez 1 banane, 240 cl de lait d'amande, 2 c. à s. de beurre de cacahuète, 1 c. à c. de cacao maigre et 1 c. à c. de sirop d'agave. Saupoudrez le dessus du smoothie de cacao maigre et dégustez !

TRAINING

Pilates ventre plat

- Double leg stretch : 6 répétitions
- Scissors : 10 répétitions alternées
- One leg circles : 5 répétitions dans un sens, puis dans l'autre, sur chaque jambe

RITUEL FEEL GOOD

Le guerrier 2 egobooster

Body positive, cette posture booste l'énergie et la confiance en soi en tonifiant tout le corps. Debout, pieds écartés à la largeur du bassin, reculez le pied gauche, pied ouvert à 90°, sur le sol. Hanches de face, pliez votre genou droit en formant un bel angle droit. Levez les bras perpendiculairement à votre buste. Regardez bien devant vous et restez sur 5 respirations profondes. Répétez avec l'autre jambe.

COACHING

Je prends de plus en plus de plaisir !

Même si vous savez que chaque jour est un nouveau challenge, vous l'affrontez avec plaisir car vous vous sentez de plus en plus à l'aise avec votre corps, avec les postures et avec votre condition physique ! Les hormones du bonheur et du bien-être (dopamine, endorphine et sérotonine) libérées après chaque training vous ont rendue addict à l'entraînement !

NOTES

-
-
-
-
-
-
-

MES TRACKERS

Challenge végétarien

Repas équilibré

Training fait

MON JOURNAL DE TRAINING

Comment j'ai réussi ma séance ? (ressenti musculaire, difficultés...)

Évaluez votre réussite en coloriant le thermomètre.

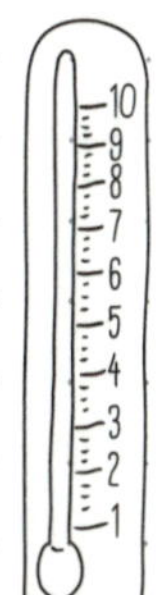

MERCREDI

RITUEL FEEL GOOD

Power pose !

Une belle posture est une marque d'assurance ! Travaillez-la tous les jours. Debout, pieds écartés à la largeur de bassin, inspirez en haussant les épaules, puis expirez en tirant le bout de vos doigts vers le sol, épaules en arrière, nuque longue. Répétez 5 fois. Placez les mains sur votre ventre. Inspirez en ouvrant les côtes (le ventre ne doit pas gonfler). Expirez par la bouche en aspirant le nombril (vos mains s'enfoncent). Répétez 5 fois par jour.

TRAINING

Challenge cardio : ding dong

L'objectif est de tenir le plus longtemps possible. Chrono en main… prête ? *Let's go* ! Notez votre temps.

FOOD

Veggie, very cool !

Variez ! Tournez-vous vers des céréales anciennes : petit épeautre, kamut, seigle, orge ! N'hésitez pas aussi à tester les légumes anciens : panais (goût de céleri sucré), crosne (goût proche de l'artichaut ou du salsifis), topinambour (savoureux et peu calorique), cerfeuil tubéreux ou encore rutabaga, de la famille du radis, et navet.

COACHING

Petit coup de mou !

Même si la volonté est là, nos cycles hormonaux nous jouent parfois des tours ! S'il vous est impossible de vous entraîner aujourd'hui, pratiquez cet exercice : inspirez, retenez votre souffle, puis contractez les muscles du périnée. En expirant, imaginez une vague d'énergie arrivant vers votre utérus. La contraction du périnée stimule l'énergie. Demain, vous déchirerez tout !

MES TRACKERS

Challenge végétarien	☒	☐	☐	☐	☐	☐	☐	☐	☐	☺
Repas équilibré	☐	☐	☐	☐	☐	☐	☐	☐	☐	☺
Training fait	☐	☐	☐	☐	☐	☐	☐	☐	☐	☺

NOTES

-
-
-
-
-
-
-

MON JOURNAL DE TRAINING

Comment j'ai réussi ma séance ? (ressenti musculaire, difficultés…)

Évaluez votre réussite en coloriant le thermomètre.

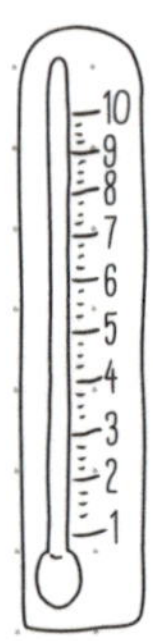

JEUDI

TRAINING

Yoga dynamique

- Chaise : 5 respirations profondes
- Danseur : 5 respirations profondes par jambe
- Sauterelle : 5 respirations profondes

RITUEL FEEL GOOD

La posture des mains levées egobooster

Debout, pieds écartés à la largeur de bassin, prenez une grande inspiration en levant progressivement les bras tendus de chaque côté du buste en direction du ciel et joignez les mains en prière. Posez votre regard en direction de vos mains, expirez. Restez ainsi 1 min, en respirant profondément.

FOOD

Marinade pour tofu façon asiatique (4 pers.)

Mélangez 4 c. à s. d'huile de canola (ou colza), 3 c. à s. de sauce soja salée, 4 c. à s. de vinaigre de cidre, 2 c. à s. de sirop d'agave, 3 c. à c. d'huile de sésame, 2 gousses d'ail hachées, un petit morceau de gingembre haché et 1 petit piment thaï épépiné et haché. Versez dans la marinade 400 g de tofu en dés et remuez. Laissez mariner 24 h au réfrigérateur avant de griller le tofu et de le servir avec du riz et des fleurettes de brocoli sautées.

COACHING

Je me sculpte un peu plus chaque jour !

Votre shape se dessine clairement ! Votre ventre devient un peu plus plat chaque jour, vos cuisses et fessiers gagnent en galbe, et vos bras et votre dos se sculptent. On pourra dire que, votre sexy shape, vous ne l'aurez pas volée ! BRAVO, vous y êtes presque !

NOTES

-
-
-
-
-
-
-

MES TRACKERS

Challenge végétarien	☐	☐	☐	☐	☐	☐	☐	☐	☐	🙂
Repas équilibré	☐	☐	☐	☐	☐	☐	☐	☐	☐	🙂
Training fait	☐	☐	☐	☐	☐	☐	☐	☐	☐	🙂

MON JOURNAL DE TRAINING

Comment j'ai réussi ma séance ? (ressenti musculaire, difficultés…)

Évaluez votre réussite en coloriant le thermomètre.

10 9 8 7 6 5 4 3 2 1

VENDREDI

FOOD

Comment rendre mes salades créatives ?

Choisissez une base de salade à mélanger (boston, romaine, feuille de chêne, roquette, iceberg, mâche, cresson ou scarole). Pour les protéines, combinez céréales et légumineuses (voir p. 32), ou ajoutez du tofu ou du tempeh. Les bons lipides seront apportés par les huiles végétales de la sauce ou de la cuisson des légumes, ou par les graines, les oléagineux ou l'avocat. Complétez par un mélange de légumes crus, cuits, poêlés, marinés ou grillés, ou encore jouez sur le sucré-salé en leur ajoutant des fruits !

RITUEL FEEL GOOD

Je m'inspire de modèles !

Suivez les comptes d'icônes du body positive, comme Candice Huffine, mannequin grande taille qui a couru le marathon de Boston, ou Ely Killeuse, qui affiche son corps dans toute sa parfaite imperfection et revendique le #LoveYourself…

TRAINING

HIIT full body

- Thrusters
- Tirages + kick back avec haltères
- Jump squats + haltères
- Fentes jumpées à droite
- Fentes jumpées à gauche
- Burpees
- Sit up

COACHING

J'ai la fleeeeemme !

Hop, hop, hop ! Pas de place ici pour les poils de baobab dans la main ! Prenez une feuille et dessinez un soleil. Il représente la joie, la force, le rayonnement, le niveau le plus haut… Sur chaque rayon, écrivez un objectif en cours d'acquisition, puis lisez-les à haute voix.

♡ MES TRACKERS ♡

Challenge végétarien	☐☐☐☐☐☐☐☐☐ ☺
Repas équilibré	☐☐☐☐☐☐☐☐☐ ☺
Training fait	☐☐☐☐☐☐☐☐☐ ☺

Niveau	TEMPS DE TRAVAIL	TEMPS DE RÉCUP	TOURS ET TEMPS DE RÉCUP ENTRE 2 TOURS
Débutant	20 s	15 s	2 ou 3 tours 1 min 30 s
Intermédiaire	30 s	15 s	3 ou 4 tours 1 min 15 s
Avancé	45 s	15 s	4 ou 5 tours 1 min

MON JOURNAL DE TRAINING

Comment j'ai réussi ma séance ? (ressenti musculaire, difficultés…)

....

....

....

....

....

Évaluez votre réussite en coloriant le thermomètre.

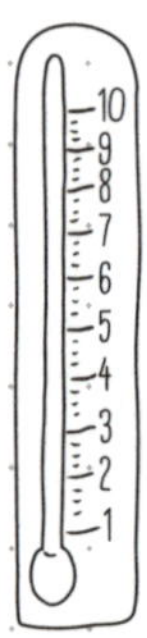

SAMEDI

FOOD

Salade de figue, de noix et de feta (4 pers.)

Mélangez 50 g de feuille de chêne avec 50 g de roquette. Ajoutez 6 figues en petits morceaux, 120 g de feta, ½ concombre en dés et une bonne poignée de cerneaux de noix. Pour la sauce, mélangez 3 c. à s. d'huile de noix avec 3 c. à s. de vinaigre balsamique, 1 c. à c. de sauce soja salée et le jus d'un demi-citron.

TRAINING

Challenge renfo : fentes croisées avec haltères

Pour des cuisses et des fesses galbées ! L'objectif est de faire un maximum de répétitions sur 1 min. Chrono en main… prête ? *Let's go !* Option : si l'exercice est trop difficile, faites-le sans haltères. Notez votre score.

RITUEL FEEL GOOD

Je teste le yoga du rire !

Le rire provoque la libération d'hormones (endorphines) responsables du bien-être et il réduit le stress. Les cours de yoga du rire commencent généralement par un petit échauffement, puis s'enchaînent des exercices de rire forcé, le tout se terminant par une méditation. Le cerveau ne fait pas la différence entre le rire naturel et le rire forcé. Testez !

COACHING

C'est bientôt la fin !

Allez faire vos derniers achats pour les beaux jours ! Entre les petits shorts, les robes et les tops que vous venez d'acheter, il y a de quoi se motiver ! Imaginez-vous dedans, avec votre corps tonique et bien dessiné. On continue, c'est bientôt la fin !

NOTES

-
-
-
-
-
-
-

MES TRACKERS

Challenge végétarien									☺
Repas équilibré									☺
Training fait									☺

MON JOURNAL DE TRAINING

Comment j'ai réussi ma séance ? (ressenti musculaire, difficultés…)

....

....

....

....

....

Évaluez votre réussite en coloriant le thermomètre.

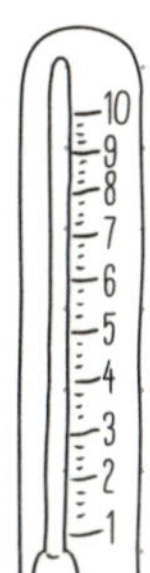

DIMANCHE

RITUEL FEEL GOOD

Savasana body positive

Pour se relaxer et recharger les batteries ! Allongée sur un tapis et sur le dos, laissez vos jambes, vos pieds, vos bras et vos mains s'éloigner du corps et se relâcher complètement. Relâchez également votre tête en la laissant s'alourdir, vos épaules et votre bassin en les laissant « fondre » dans le sol. Restez ainsi durant 5 à 10 respirations profondes.

TRAINING

Sortie cardio longue

On repart sur le running, le vélo ou la piscine à un rythme modéré : si vous débutez, votre objectif est de tenir 48 min, si vous êtes au niveau intermédiaire, tenez 1 h 10, et pour celles du niveau avancé, 1 h 25 !

FOOD

Banana bread

Écrasez 3 grosses bananes mûres et mélangez-les avec 60 g de farine de sarrasin, 60 g de fécule de maïs (type Maïzena), 1 sachet de levure et 60 g de pépites de chocolat noir (à 70 % de cacao). Ajoutez un peu de lait d'amande pour rendre la pâte plus lisse si besoin. Versez la pâte dans un moule et enfournez à 190 °C pour 30-40 min.

COACHING

Fatiguée mais fière !

Votre rythme a été régulier, mais très soutenu jusqu'ici. Il est normal que vous éprouviez de la fatigue, tant physique que morale. Vous avez bien mérité une journée de break pour recharger vos batteries afin d'attaquer la dernière semaine en mode « rien ne pourra m'arrêter » !

MES TRACKERS

- Challenge végétarien
- Repas équilibré
- Training fait

NOTES

-
-
-
-
-
-
-

MON JOURNAL DE TRAINING

Comment j'ai réussi ma séance ? (ressenti musculaire, difficultés…)

Évaluez votre réussite en coloriant le thermomètre.

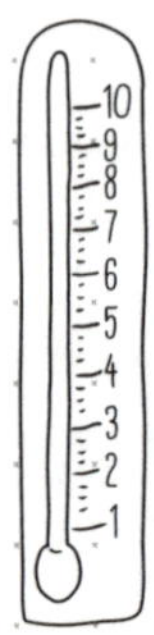

Mon bilan de la semaine 11

Mes victoires

....
....
....
....
....
....
....

Mes petits échecs

....
....
....
....
....
....
....

Niveau bien-être, comment je me suis sentie ?

....
....
....
....
....
....
....

Comment je me suis sentie sur les séances ?

Coloriez ce diagramme bâton selon votre ressenti de difficulté par type de séance.

	HAUT DU CORPS	BAS DU CORPS	CHALLENGE RENFO	CHALLENGE CARDIO
Dur, impossible même !				
Dur, mais je me suis dépassée				
Dur, mais ça passe				
J'ai géré				
J'ai réussi facilement				

Comment j'ai réussi mon rééquilibrage alimentaire ?

PEUT MIEUX FAIRE ! ☆ ☆ ☆ ☆ ☆ ☆ ☆ ☆ ☆ ☆ AU TOP !

Ce qui m'a aidée à mieux gérer

....
....
....
....
....

Ce qui a été compliqué

....
....
....
....
....

Ce que je peux faire la semaine prochaine pour progresser

....
....
....
....
....

Cette semaine marque clairement le début de la dernière ligne droite : entre fatigue, baisse de moral, joie, rage et surmotivation, vous êtes passée par toutes les émotions ! C'est en même temps le cocktail de votre réussite ! Rien n'est jamais linéaire, sinon nous passerions notre temps à nous ennuyer ! Maintenant que votre corps s'est adapté à l'intensité du travail, votre objectif pour cette dernière semaine sera de prendre du plaisir tout en vous dépassant encore plus ! Ajoutez entre 5 et 15 s de travail sur chacun de vos exercices ! #StrongIsTheNewSexy !

Semaine 12

Mon agenda

Restez organisée ! Continuez de noter chaque jour et chaque semaine les trainings et les challenges prévus, vos menus, les courses dont vous avez besoin, vos obligations pro et perso (rendez-vous, réunions…), et vos petits moments à vous !

LUNDI

....

....

....

Menus

Courses

- [ ] ....
- [ ] ....
- [ ] ....
- [ ] ....

MARDI

....

....

....

Menus

Courses

- [ ] ....
- [ ] ....
- [ ] ....
- [ ] ....

Menus

Courses

- [ ] ....
- [ ] ....
- [ ] ....
- [ ] ....

....

....

....

MERCREDI

Menus

Courses

- [ ] ....
- [ ] ....
- [ ] ....
- [ ] ....

....

....

....

JEUDI

VENDREDI

Menus

Courses

SAMEDI

Menus

Courses

Menus

Courses

DIMANCHE

NOTES

MON MEAL PREP

Pour garder la ligne et booster vos résultats, continuez de prévoir vos meal prep ! Faites vos courses à l'avance et n'achetez que ce qui est prévu dans vos menus. Préparez vos repas healthy le week-end ou prédécoupez vos légumes, puis congelez le tout afin d'avoir juste à les cuire ou à les réchauffer en rentrant du travail !

	Je prépare pour .... (plat)	☐ ☐ ☐
	Je prépare pour .... (plat)	☐ ☐ ☐

LUNDI

RITUEL FEEL GOOD

3 réflexes no complexes !

Gardez en tête que personne ne vous demande d'être parfaite ! Ne basez pas vos critères sur les diktats que vous impose la société. Cessez donc de vous focaliser sur une taille « idéale » de vêtement ou une forme de nez ! Au contraire, cultivez vos différences pour les transformer en atouts, comme Winnie Harlow, cette mannequin dont le vitiligo est devenu une force !

TRAINING

HIIT full body

- Jumping jacks
- Thrusters
- Pompes
- Sit up
- Jump squats
- Sumo deadlift high pull
- Gainage + tirages avec haltères

FOOD

Nice cream banana-peanut butter (1 pers.)

Coupez une banane en rondelles et faites-les congeler toute la nuit. Le lendemain, mettez-les dans le bol du blender avec 1 c. à c. de beurre de cacahuète, 10 cl de lait d'amande et ½ c. à c. d'extrait de vanille. Mixez le tout jusqu'à obtention d'une texture crémeuse ! Vous pouvez consommer tel quel, ou replacer 1 h au congélateur.

COACHING

Monday motivation

J – 7 ! C'est la dernière ligne droite, et vous êtes plus motivée que jamais ! Vous avez fait le plus dur ! Maintenant, tout se joue dans la tête ! Vous vous sentez fatiguée, mais vous avez cette rage de vouloir aller plus loin qui vous donne une énergie folle.

MES TRACKERS

Challenge végétarien ☐☐☐☐☐☐☐☐☐☐

Repas équilibré ☐☐☐☐☐☐☐☐☐☐

Training fait ☐☐☐☐☐☐☐☐☐☐

Niveau	Temps de travail	Temps de récup	Tours et temps de récup entre 2 tours
Débutant	20 s	15 s	2 ou 3 tours 1 min 30 s
Intermédiaire	30 s	15 s	3 ou 4 tours 1 min 15 s
Avancé	45 s	15 s	4 ou 5 tours 1 min

MON JOURNAL DE TRAINING

Comment j'ai réussi ma séance ? (ressenti musculaire, difficultés…)

....

....

....

....

....

Évaluez votre réussite en coloriant le thermomètre.

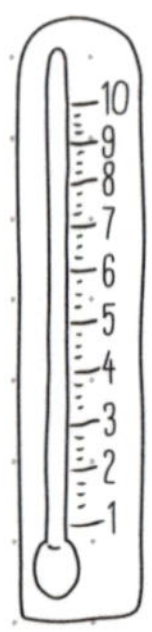

MARDI

FOOD

Un plat de céréales pour garder la ligne ?

Of course ! Mais veillez à ce qu'elles aient un IG bas à moyen. Il existe aussi des astuces pour faire baisser l'IG de certaines céréales avec de l'amidon (riz, pâtes, blé, légumineuses…) : mangez-les froids ou al dente, et mélangez-les à des légumineuses ou à de bonnes graisses…

TRAINING

Pilates ventre plat

- One leg circles : 5 répétitions dans un sens, puis dans l'autre, sur chaque jambe
- Single leg stretch : 10 répétitions alternées
- Double leg stretch : 5 ou 6 répétitions

RITUEL FEEL GOOD

Le guerrier 3 egobooster

Cette posture travaille l'équilibre, tonifie le corps et renforce la confiance en soi ! Debout, pieds écartés à la largeur du bassin, placez-vous dans la posture du guerrier I en commençant par la jambe droite (p. 179), puis faites basculer le poids du corps vers l'avant. Engagez vos abdos et amenez votre buste, vos bras tendus et votre jambe arrière levée parallèles au sol. Tenez le temps de 5 profondes respirations. Répétez à gauche.

COACHING

Le cardio est OK !

Vous avez pris le rythme et vous vous sentez bien moins essoufflée. C'est l'occasion de repousser encore votre zone rouge ! Ajoutez 5 s sur chaque exercice. Pour vous booster, faites-vous une eau infusée énergisante au gingembre et à l'orange avant le training ! #MorePainMoreGain !

NOTES

-
-
-
-
-
-
-

MES TRACKERS

Challenge végétarien									
Repas équilibré									
Training fait									

MON JOURNAL DE TRAINING

Comment j'ai réussi ma séance ? (ressenti musculaire, difficultés…)

Évaluez votre réussite en coloriant le thermomètre.

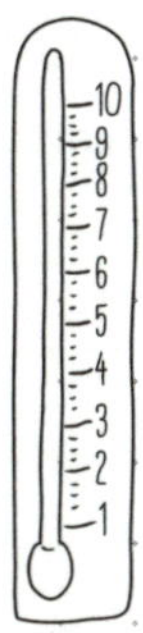

MERCREDI

FOOD

Wok de légumes et tempeh (4 pers.)

Faites sauter au wok sur feu doux les fleurettes d'un brocoli, 3 carottes en rondelles, une poignée de champignons en petits morceaux et 2 oignons émincés dans un filet d'huile végétale pendant 15-20 min. Vos légumes sont tendres tout en restant croquants. Faites cuire 250g de nouilles de blé chinoises dans de l'eau bouillante et ajoutez-les dans le wok avec 300g de tempeh en petits dés, 1 brique de crème de coco, 4 c. à s. de sauce soja salée et 1 c. à s. de curry doux. Laissez mijoter 10 min et parsemez de graines de sésame.

RITUEL FEEL GOOD

DIY soin bonne mine

Dans un flacon de 30ml, mélangez 10ml d'huile de jojoba (adoucissante et nourrissante), 10ml de macérât de carotte (antioxydant), 4 gouttes d'HE de lavande fine (régénérante) et 4 gouttes d'HE d'ylang-ylang (régulatrice et tonifiante).

TRAINING

Challenge cardio : le carré

Pour des jambes fuselées ! L'objectif est de tenir le plus longtemps possible. Chrono en main... prête ? *Let's go* ! Notez votre temps.

COACHING

Épuisée !

C'est presque la fin du programme, et vous sentez que vous avez puisé beaucoup trop d'énergie ? Environ 30 min avant de vous entraîner, mixez ½ pamplemousse pelé à vif avec ½ banane, quelques morceaux d'ananas et ½ c. à c. de gingembre en poudre. Ce jus vous reboostera !

MES TRACKERS

Challenge végétarien ☐☐☐☐☐☐☐☐ ☺

Repas équilibré ☐☐☐☐☐☐☐☐ ☺

Training fait ☐☐☐☐☐☐☐☐ ☺

NOTES

-
-
-
-
-
-
-

MON JOURNAL DE TRAINING

Comment j'ai réussi ma séance ? (ressenti musculaire, difficultés...)

....

....

....

....

....

Évaluez votre réussite en coloriant le thermomètre.

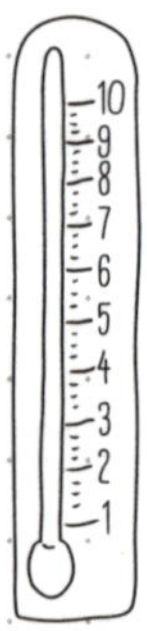

JEUDI

FOOD

Les 3 bonnes raisons de manger 1 crudité par jour !

Les légumes crus sont les plus riches en vitamines et en minéraux. Ils sont coupe-faim grâce aux fibres et à l'eau qui les font gonfler dans l'estomac. Et ils sont pauvres en calories ! La bonne mesure : 1 crudité par jour.

TRAINING

Yoga dynamique

- Angle puissant : 5 respirations profondes
- Demi-pont : 5 respirations profondes
- Bateau : 5 respirations profondes

RITUEL FEEL GOOD

Sophro confiance en soi

La technique de l'ancrage consiste à s'imprégner de pensées positives dans la moindre des cellules de son corps. Inspirez et dites-vous mentalement une parole positive (par exemple, « Je m'aime et je m'accepte », « Je suis une femme super »). Retenez l'air inspiré durant 5 s en contractant tous les muscles du corps, puis relâchez.

COACHING

Je suis débordée today !

Aujourd'hui, trop de boulot ! Vous devez gérer plus de choses que prévu ; du coup, vous songez à zapper votre séance… Avant cela, regardez s'il y a certaines tâches que vous pouvez remettre à demain. N'y a-t-il pas moyen de vous dégager un peu de temps pour votre séance du jour ? Allez, c'est la dernière ligne droite ! Ne lâchez rien !

NOTES

-
-
-
-
-
-
-

MES TRACKERS

Challenge végétarien

Repas équilibré

Training fait

MON JOURNAL DE TRAINING

Comment j'ai réussi ma séance ? (ressenti musculaire, difficultés…)

Évaluez votre réussite en coloriant le thermomètre.

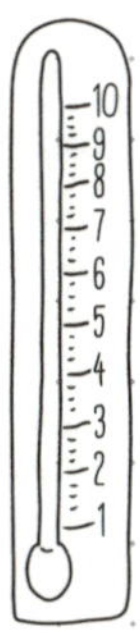

VENDREDI

FOOD

Salade de fraises, de concombre et de cresson (4 pers.)

Coupez 1 concombre en rondelles et 200 g de fraises en deux. Ciselez ½ botte de menthe fraîche. Lavez 1 botte de cresson et disposez les feuilles en lit sur les assiettes. Ajoutez des rondelles de concombre, les demi-fraises et une bonne pincée de feuilles de menthe. Pour la sauce : un filet d'huile végétale (colza, tournesol), un filet de vinaigre balsamique, du sel et du poivre !

RITUEL FEEL GOOD

Le leg pull front egobooster

Placez-vous en planche gainage. Contractez vos cuisses et vos fessiers en plus du reste de votre corps, puis expirez en cherchant volontairement à aspirer votre nombril vers la colonne afin d'engager en profondeur votre centre. À faire sur 4 respirations, en cherchant des sensations de plus en plus profondes et intenses dans les abdos.

TRAINING

HIIT full body

- Dips
- Jumping jacks
- Fentes jumpées à droite
- Fentes jumpées à gauche
- Thrusters
- Sit up
- Burpees

COACHING

On se re-mo-tive !

Il vous reste 3 jours avec aujourd'hui avant la fin du programme, ce n'est rien du tout ! Projetez-vous : fermez les yeux en imaginant votre sensation de fierté pour n'avoir jamais abandonné et vous être battue pour obtenir tous ces résultats !

MES TRACKERS

Challenge végétarien ☐☐☐☐☐☐☐☐☐ ☺

Repas équilibré ☐☐☐☐☐☐☐☐☐ ☺

Training fait ☐☐☐☐☐☐☐☐☐ ☺

Niveau	TEMPS DE TRAVAIL	TEMPS DE RÉCUP	TOURS ET TEMPS DE RÉCUP ENTRE 2 TOURS
Débutant	20 s	15 s	2 ou 3 tours 1 min 30 s
Intermédiaire	30 s	15 s	3 ou 4 tours 1 min 15 s
Avancé	45 s	15 s	4 ou 5 tours 1 min

MON JOURNAL DE TRAINING

Comment j'ai réussi ma séance ? (ressenti musculaire, difficultés…)

....

....

....

....

....

Évaluez votre réussite en coloriant le thermomètre.

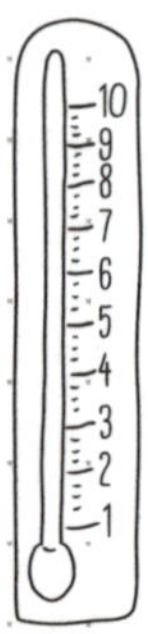

SAMEDI

TRAINING

Challenge renfo :
squats + élévations des bras

Pour un body tonique ! L'objectif est de faire un maximum de répétitions sur 1 min. Option : si l'exercice est trop difficile, faites-le sans haltères. Notez votre score.

RITUEL FEEL GOOD

L'autodérision, c'est body positive !

Vous observez des changements sur votre corps, et ça vous décomplexe par rapport à certains aspects de votre corps que vous aviez du mal à accepter. Maintenant que vous vous sentez plus à l'aise, pratiquez l'autodérision ! Prenez une feuille et faites votre propre caricature, puis montrez-la à vos amis et riez ! C'est feel good !

FOOD

Apéro veggie !

Se faire plaisir tout en mangeant veggie, c'est possible avec des tartinades de pain frais ou grillé (maïs, seigle…) et du caviar d'aubergines ou de tomates, des poivrons marinés, de la tapenade ou encore du tartare d'algues, des légumes crus à tremper dans du houmous fait maison, des chips de légumes maison (patate douce, panais…).

COACHING

Dernière ligne droite !

Enfin vous voyez le bout de ce programme et vous êtes au max ! Profitez de cette période d'excitation pour garder la motivation. Dépassez-vous encore aujourd'hui et faites monter le cardio en enlevant les pauses entre les tours ! #BurnBurnBurn !

NOTES

-
-
-
-
-
-
-

MES TRACKERS

Challenge végétarien	☐☐☐☐☐☐☐☐
Repas équilibré	☐☐☐☐☐☐☐☐
Training fait	☐☐☐☐☐☐☐☐

MON JOURNAL DE TRAINING

Comment j'ai réussi ma séance ? (ressenti musculaire, difficultés…)

....

....

....

....

....

Évaluez votre réussite en coloriant le thermomètre.

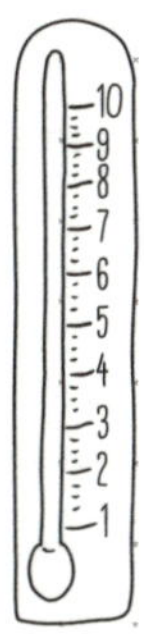

DIMANCHE

RITUEL FEEL GOOD

Le leg pull back egobooster

Cette posture augmente la force mentale et la confiance en soi ! Assise sur votre tapis, jambes pliées à 45°, pieds au sol, tendez une jambe, puis l'autre, en décollant le bassin du sol et en l'alignant avec vos jambes et vos épaules. Prenez appui sur vos talons et vos bras (épaules, coudes et poignets alignés), en engageant tous vos muscles. Restez statique sur 5 respirations latérales thoraciques (voir p. 23).

TRAINING

Sortie cardio longue

Dernière cession de running, de vélo ou de piscine à un rythme modéré ! Si vous débutez, votre objectif est de tenir 50 min ; si vous êtes au niveau intermédiaire, tenez 1 h 15, et pour les confirmées, 1 h 30 !

FOOD

Moelleux au chocolat veggie

Dans un saladier, mélangez 340 g de farine de châtaigne (ou de riz), 60 g de cacao maigre en poudre, 240 g de sucre intégral, ½ sachet de levure, 40 cl de lait d'amande et une pincée de sel pour obtenir une pâte onctueuse. Enfournez à 180 °C pour environ 50 min.

COACHING

Finisher !

Un immense BRAVO à vous, vous l'avez fait ! Entre le premier jour du programme et aujourd'hui, vous n'êtes clairement plus la même ! Vous affichez la silhouette que vous souhaitiez tant, et cette victoire est d'autant plus jouissive que vous vous êtes donnée pour l'avoir. #WellDone !

MES TRACKERS

Challenge végétarien

Repas équilibré

Training fait

NOTES

•

•

•

•

•

•

•

MON JOURNAL DE TRAINING

Comment j'ai réussi ma séance ? (ressenti musculaire, difficultés…)

Évaluez votre réussite en coloriant le thermomètre.

10 9 8 7 6 5 4 3 2 1

Mon bilan de la semaine 12

Mes victoires	Mes petits échecs	Niveau bien-être, comment je me suis sentie ?
....	....	....
....	....	....
....	....	....
....	....	....
....	....	....
....	....	....
....	....	....

Comment je me suis sentie sur les séances ?

Coloriez ce diagramme bâton selon votre ressenti de difficulté par type de séance.

	HAUT DU CORPS	BAS DU CORPS	CHALLENGE RENFO	CHALLENGE CARDIO
Dur, impossible même !				
Dur, mais je me suis dépassée				
Dur, mais ça passe				
J'ai géré				
J'ai réussi facilement				

Comment j'ai réussi mon rééquilibrage alimentaire ? PEUT MIEUX FAIRE ! ☆ ☆ ☆ ☆ ☆ ☆ ☆ ☆ ☆ ☆ AU TOP !

Ce qui m'a aidée à mieux gérer	Ce qui a été compliqué	Ce que je peux faire la semaine prochaine pour progresser
....	....	....
....	....	....
....	....	....
....	....	....
....	....	....
....	....	....
....	....	....

BRAVO ! En 3 mois, vous avez gagné un mental d'acier, un corps de bombe, et vous vous assumez pleinement ! Que du positif ! Même si ça n'a pas été facile tous les jours, vous pouvez être fière de n'avoir rien lâché et d'être arrivée au bout de vos objectifs. Encore bravo à vous, vous êtes une sexy fit-girl !

Bilan du mois 3 : sculpter la shape !

Ma check-list

- ☐ J'ai réussi à m'organiser et ne zapper aucune de mes séances !
- ☐ Je suis toujours allée jusqu'au bout de mes séances.
- ☐ J'ai gagné une condition physique au top à tous les niveaux.
- ☐ Telle une vraie guerrière, je n'ai jamais modifié mes séances en prenant des options !
- ☐ Je sens que je suis totalement à l'aise en cardio.
- ☐ J'ai réussi à m'organiser et à faire mes meal prep chaque semaine.
- ☐ J'ai tenu mon mois végétarien.
- ☐ Je n'ai zappé aucun training pilates et yoga, je me sens plus souple et j'ai amélioré ma posture !
- ☐ Je me suis réconciliée avec mon corps grâce au body positive !
- ☐ J'ai réussi à atteindre tous mes objectifs !

Résultat : .... / 10

Mon score

En-dessous de 5/10 : cette dernière ligne droite a été difficile pour vous. Vous avez peut-être besoin d'un temps d'adaptation plus long. Ce n'est pas grave du tout. Comme on dit : doucement, mais sûrement ! Si vous le souhaitez, faites un 4ᵉ mois en reprenant le fil du programme de ce 3ᵉ mois, et votre défi sera de vous améliorer sur les points faibles qui vous ont fait perdre des points ce mois-ci. Votre objectif body sexy n'est pas loin, ne lâchez rien, vous y êtes presque !

Entre 6 et 8/10 : pas mal du tout ! Les résultats obtenus sont flagrants ! Bon, d'accord, il y a eu quelques petits dérapages alimentaires et quelques coups de flemme, mais vous avez su les limiter, et c'est pourquoi vous avez obtenu de bons résultats ! Pour que tout soit parfait, gardez tous ces bons réflexes. Conservez une alimentation healthy au quotidien, entraînez-vous régulièrement et continuez de vous challenger en zone rouge. Le body dont vous rêvez n'est vraiment pas loin !

Au-dessus de 8/10 : le mot sexy vous colle à la peau… Le résultat est juste WOW ! Quand vous vous regardez dans le miroir, vous voyez une femme sûre d'elle, bien dans son body et dans sa tête ! Vous n'avez jamais rien lâché, et c'est ce qui fait de vous la femme d'aujourd'hui avec un mental de warrior ! Bravo !

Ce dont je suis le plus fière

....
....
....
....

Mes atouts

....
....
....
....
....

Mon bien-être

Avez-vous pu expérimenter les rituels feel good du mois ? Avez-vous observé des améliorations sur votre vision de vous-même ? Cette complémentarité est un booster pour optimiser votre satisfaction. Il représente 20 % du chemin, ne le négligez pas !

Bien-être/énergie ☐☐☐☐☐☐☐☐ ☺

Moins de stress ☐☐☐☐☐☐☐☐ ☺

Tonicité de la peau ☐☐☐☐☐☐☐☐ ☺

Mandala motivation

Coloriez la case du jour selon la légende. Vous dessinez ainsi l'atmosphère de votre programme et de votre réussite !

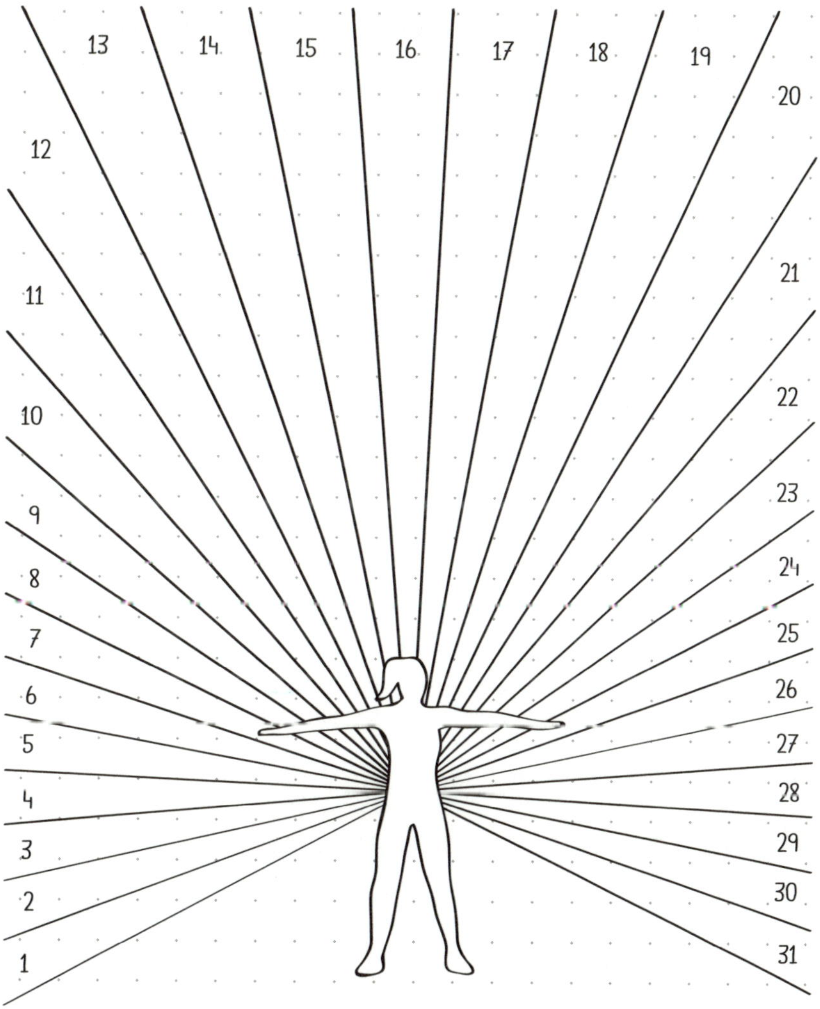

Fière de ma séance !

Satisfaite de ma séance

Pas très satisfaite, je ferai mieux demain

Pas du tout satisfaite

MES NOTES

MES NOTES

MES NOTES

Conclusion : c'est le jour J !

Vous voici enfin arrivée au bout de ce programme. Vous pouvez être fière de vous ! Peu importe le parcours — peut être un sans-faute ? ou peut-être que, parfois, vous avez craqué niveau training ou alimentation, peu importe —, vous vous êtes battue, vous êtes allée jusqu'au bout et vous avez obtenu des résultats incroyables en gagnant un mental d'acier. Et ça, c'est hyper positif ! Pas question de vous arrêter là après tous ces efforts. Vous voulez encore plus de résultats ? Continuez ce programme en le recommençant du début, MAIS en corsant les choses. Voici vos nouveaux temps de travail et de récupération. Vous le savez maintenant, ce n'est pas en restant dans une zone de confort que l'on obtient des résultats. Allez, vous voilà repartie pour 3 mois en mode #FitGirl ! *Let's go* !

Training renfo mois 4

Reproduisez le 1er mois en appliquant les timings suivants sur les trainings renfo (le lundi et le jeudi).

Niveau	Temps de travail	Temps de récup	Tours et temps de récup entre 2 tours
Débutant	30 s	15 s	2 ou 3 tours 1 min 30 s
Intermédiaire	45 s	15 s	3 ou 4 tours 1 min 15 s
Avancé	1 min	15 s	4 ou 5 tours 1 min

Training renfo mois 5

Reproduisez le mois 2 en appliquant les timings suivants sur les trainings renfo (le mardi et le jeudi).

Niveau	Temps de travail	Temps de récup	Tours et temps de récup entre 2 tours
Débutant	30 s	15 s	2 ou 3 tours 1 min 30 s
Intermédiaire	45 s	15 s	3 ou 4 tours 1 min 15 s
Avancé	1 min	15 s	4 ou 5 tours 1 min

Training renfo mois 6

Reproduisez le mois 3 en appliquant les timings suivants sur les trainings renfo (le lundi et le vendredi).

Niveau	Temps de travail	Temps de récup	Tours et temps de récup entre 2 tours
Débutant	30 s	15 s	2 ou 3 tours 1 min 30 s
Intermédiaire	45 s	15 s	3 ou 4 tours 1 min 15 s
Avancé	1 min	15 s	4 ou 5 tours 1 min

Carnet d'adresses

L'auteure

Floriane Limonnier, coach sportif à Marseille (fitness, Pilates et cardio-Pilates)
Contact : 06 06 67 37 83 ou limonnier_floriane@live.fr
Instagram : flo_fitncoach

Pour bouger

Episod Clubs (Bourse, place Clichy, République, Nation)

Si vous voulez vous challenger sur Paris, vous aurez le choix, dans les studios Episod, entre du bootcamp, de la boxe, de l'athletic training ou encore des challenges sportifs avec rameur (rowing) ou vélo (cycling). Les coachs sont tous aussi motivants les uns que les autres.
https://www.episod.com/

Centre « Je suis ió » à Marseille

Si vous voulez vous challenger sur Marseille, le studio Je suis ió propose des cours de training booty and abs, ió_cycle, bungee, boxe & rope ou encore training full body. Vous aurez l'embarras du choix pour vous challenger !
https://www.jesuisio.com

Nutrition

Florian Fatnassi, diététicien-nutritionniste et coach sportif à Paris (fitness et yoga)
Contact : 06 60 13 87 83 ou florianfatnassi@gmail.com

MON CAHIER MINCEUR
MON CAHIER MINCEUR
MON CAHIER MINCEUR
MON CAHIER MA GROSSESSE ET MOI
MON CAHIER MON BÉBÉ ET MOI
MON CAHIER VENTRE PLAT SPÉCIAL HOMMES
MON CAHIER VENTRE PLAT
MON CAHIER LA DRAGUE ET MOI
MON CAHIER LE SEXE ET MOI
MON CAHIER 100% ANTI-ÂGE
MON CAHIER DÉTOX
MON CAHIER YOGA
MON CAHIER RUNNING
MON CAHIER ABDOS-FESSIERS
MON CAHIER VEGGIE
MON CAHIER MON DRESSING IDÉAL
MON CAHIER BRÛLE-GRAISSE
MON CAHIER PENSÉE POSITIVE
MON CAHIER ANTI-STRESS
MON CAHIER FORME ET MINCEUR APRÈS BÉBÉ
MON CAHIER RÉGIME PALÉO
MON CAHIER PILATES
MON CAHIER BEAUTÉ
MON CAHIER DIGITAL DÉTOX
MON CAHIER STOP AU SUCRE
MON CAHIER SANS GLUTEN
MON CAHIER FITNESS
MON CAHIER MINCIR AVEC LA MÉDECINE CHINOISE
MON CAHIER YOGA DÉTOX
MON CAHIER AQUAFITNESS
MON CAHIER BEACH BODY
MON CAHIER GREEN DÉTOX
MON CAHIER BODY TRAINING
MON CAHIER RÉGIME TOUT CRU
MON CAHIER MÉDITATION
MON CAHIER HUILES ESSENTIELLES
MON CAHIER BOXE TRAINING
MON CAHIER MON CHAT & MOI
MON CAHIER RANGEMENT FEEL GOOD
MON CAHIER TRAIL RUNNING
MON CAHIER YOGA MÉDITATION
MON CAHIER SOFT FITNESS
MON CAHIER BODY MINCEUR
MON CAHIER HAIR BEAUTY
MON CAHIER JOLIE PEAU
MON CAHIER FITNESS FOOD
MON CAHIER DANSE PILATES
MON CAHIER HYGGE HAPPY THÉRAPIE
MON CAHIER YOGA SCULPT
MON CAHIER TATOUAGE
MON CAHIER YOGA FLOW
MON CAHIER OBSTACLE TRAINING
MON CAHIER PERFECT TIMING
MON CAHIER SUPER ORGANISÉE
MON CAHIER MON BULLET AGENDA
MON CAHIER BULLET AGENDA
MON CAHIER MINCEUR HEALTHY
MON CAHIER MINCEUR ZÉRO SUCRE
MON CAHIER STOP SMOKING
MON CAHIER AYURVEDA
MON CAHIER VÉLO TRAINING
MON CAHIER DÉFI VOYAGE SOLO
MON CAHIER HIIT
MON CAHIER CRISTAL POWER

MON CAHIER MACADAMTRAINING
MON CAHIER OBJECTIF MINCEUR EN 12 SEMAINES
MON CAHIER MES 100 MODÈLES BULLET AGENDA
MON CAHIER BAIN DE FORÊT
MON CAHIER ATTITUDE BODY POSITIVE
MON CAHIER PILATES INTENSIF
MON CAHIER PILATES BOOTY
MON CAHIER RITUEL POWER
MON CAHIER LUNE
MON CAHIER MASSAGE
MON CAHIER IKIGAI
MON CAHIER OBJECTIF MINCEUR EN 12 SEMAINES
MON CAHIER MARIAGE
MON CAHIER GREEN POWER
MON CAHIER SOPHRO
MON CAHIER OBJECTIF ZÉRO SUCRE EN 12 SEMAINES
MON CAHIER PILATES MINCEUR
MON CAHIER GAINAGE
MON CAHIER ZÉRO DÉCHET
MON CAHIER TAROT
MON CAHIER OBJECTIF BIKINI EN 12 SEMAINES
MON CAHIER FIT & GREEN
MON CAHIER CARDIO-PILATES
MON CAHIER HUILES ESSENTIELLES AU FÉMININ
MON CAHIER GOOD VIBES
MON CAHIER OBJECTIF BUDGET EN 12 SEMAINES
MON CAHIER OBJECTIF TRAINING EN 12 SEMAINES
MON CAHIER OBJECTIF ZÉRO GRAS EN 12 SEMAINES
MON CAHIER FÉMININ SACRÉ
MON CAHIER COCOONING AVEC LES PLANTES
MON CAHIER YOGA FÉMININ
MON CAHIER MES RITUELS YOGA
MON CAHIER OBJECTIF BODY CHALLENGE EN 12 SEMAINES
MON CAHIER BODY SCULPT
MON CAHIER ASTRO
MON CAHIER YOGA DU VENTRE
MON CAHIER KUNDALINI YOGA
MON CAHIER ZÉRO GRAS
MON CAHIER HAPPY FEELINGS
MON CAHIER STRONG YOGA
MON AGENDA 2021
MON CAHIER 2021
MON CAHIER INTUITION
MON CAHIER HAPPY AT WORK
MON CAHIER HIIT YOGA

LES BEAUTIFUL GIRLS,
C'EST TOUTE UNE COMMUNAUTÉ !

Retrouvez plein de bonus, de conseils feel good,
des recettes, des trainings,
et des actus tendance MADE BY MON CAHIER !

Un lieu rien que pour vous :
http://mylifeisbeautiful.fr/

Une communauté de filles stylées :
VOUS DÉCHIREZ
mylifeisbeautiful.fr mylifeisbeautiful.fr

Direction : Jean-Louis Hocq
Direction éditoriale : Marion Guillemet
Édition : Gwladys Greusard
Correction : Chloé Chauveau
Conception et mise en couleur de la couverture : Stéphanie Brepson
Maquette : Sophie Delannoy
Mise en pages : Nord Compo
Fabrication : Laurence Duboscq

MIXTE
Papier issu de sources responsables
FSC® C003309

ISBN : 978-2-263-16954-0
Code éditeur : L16954
Dépôt légal : Mars 2021
Imprimé en Espagne par Liberdúplex

SolarEditions
solar_editions

mylifeisbeautiful.fr
mylifeisbeautiful.fr

http://www.mylifeisbeautiful.fr/

Solar, un département d'Édi8
92, avenue de France, 75013 Paris